Psychotherapeutische Verfahren
und ihre Grundlagen
Lehrbuch für Heilpraktiker/innern,
HP-Anwärter/innen,
Psychologische Berater/Innen
und interessierte Laien

Als langjähriger Schulleiter einer HP-Schule habe ich viele Jahre HP-Schüler/innen, u.a. im Bereich Psychologie, auf die Überprüfung vorbereitet. Leider fehlte ein kleines Handbuch für den Unterricht.
Bücher über Psychologie gibt es viele, meistens von Fachleuten geschrieben, für den HP-Anwärter jedoch zu kompliziert.
Dieses kleine Büchlein erhebt keinen Anspruch auf Vollständigkeit und dient hauptsächlich als Anregung zum weiteren Studium.
Entstanden ist es in Wien, der Stadt Siegmund Freuds. Von daher kommt die Tiefenpsychologie auch hier nicht zu kurz.
Es ist hauptsächlich für den deutschsprachigen Raum geschrieben worden.

Psychotherapeutische Verfahren und ihre Grundlagen

Lehrbuch für Heilpraktiker/innern,
HP-Anwärter/innen,
Psychologische Berater/innen
und interessierte Laien

Impressum:

Herstellung: Books on Demand GmbH, Norderstedt

2003, Mönchengladbach

ISBN 3 - 8330 - 1170 - x
Bibliografische Information Der Deutschen Bibliothek:
Die Deutsche Bibliothek verzeichnet diese Publikation in der Deutschen Nationalbibliografie; detaillierte bibliografische Daten sind im Internet über <http://dnb.ddb.de> abrufbar.

Inhaltsverzeichnis

Zuerst einige Anmerkungen:

- Wir bezeichnen das abnorme oder abweichende Verhalten als etwas, was durch die Gesellschaft und/oder durch die Person selbst als nicht normal erfahren wird.

Sie werden sich sicher fragen:
" Normal, was ist das und nach welchen Normen wird es beurteilt?". Auch hier finden wir verschiedene Auffassungen. Wir nehmen daher im weiteren Verlauf den Begriff "Nicht-abweichend".
Das bedeutet, dass das Verhalten innerhalb bestimmter Grenzen liegt und es mehr oder weniger angepasst ist. Es liegt also keine psychische Störung oder Abweichung vor.

"Abnorm" gebrauchen wir nur im Sinne von abweichend.
Sie müssen sehr gut aufpassen, denn es ist in keinem Fall mit einem Werturteil verbunden. Es ist also nicht 'schlecht' oder 'abscheulich'.

Wir möchten dieses mit einigen Beispielen noch verdeutlichen:

In einer Gruppe langer Menschen ist ein kleiner Mitbürger abweichend; andersherum gilt das natürlich auch. In unserer Gesellschaft werden bestimmte Formen von abweichendem Verhalten durchaus als wertvoll angesehen.

Natürlich gibt es auch Verhaltensformen, die als sehr unangenehm angesehen werden.

Wir können nun eine weitere Unterteilung an dieser Stelle machen:

- Das Studium von abweichendem Verhalten, das „positiv“ gewertet wird. Als Beispiel nennen wir hier eine hohe Begabtheit (musikalisches Wunderkind), und
- Das Studium von „negativ“ empfundenen Verhalten, z.B. Menschen mit Geisteskrankheiten. Wir kommen darauf noch zu sprechen.

Viele von uns sehen negatives, abweichendes Verhalten mit unguten Gefühlen und auch die Presse ist voll davon.

Was ist normal?

Anmerkungen:

Wir müssen uns bewusst sein, dass vieles, was heute normal ist, vor Jahren noch als abnorm galt. So werden Geschlechtsbeziehungen außerhalb der Ehe heute eher akzeptiert als früher. Außerdem kann das, was wir als normal empfinden, in anderen Gesellschaftsformen und Ländern durchaus abnorm sein. Es ist unmöglich genau zu sagen, wo das abnorme Verhalten beginnt und was eigentlich normal ist. Die Grenzen verlaufen nicht klar, die Gesellschaftsformen verändern sich laufend.

Wir stehen alle von Zeit zu Zeit in bestimmten Situationen unter Druck und müssen uns entscheiden. Anpassung ist dann nötig.
Nur, es gibt keine ideale angepasste Person.
Wir nehmen dann unsere Zuflucht zum Selbstbetrug und gebrauchen verschiedene Abwehrmechanismen.
Dazu kommt, dass es keine Übereinstimmung gibt, was nun genau "ein gut angepasster Mensch" ist.

Wenn wir von einem angepassten Menschen oder von geistiger Gesundheit reden, dann bedeutet es nicht, dass keine Konflikte vorhanden sind. Ein angepasstes Individuum wird nur nicht so leicht aus seinem Gleichgewicht gebracht. Es ist in der Lage, in einer realistischen Art und Weise mit diesen Konflikten umzugehen und sein eigenes "Zukurzkommen" zu akzeptieren. Das bedeutet übrigens nicht, dass es normal ist, wenn jemand zu sehr angepasst ist.

Es gibt jedoch einige Merkmale geistiger Gesundheit:

- Produktivität und Lebenslust;
  man ist in der Lage, seine Kapazitäten, ob es nun viele oder wenige sind, zu gebrauchen.

- die Möglichkeit, gefühlsmäßige Beziehungen einzugehen.

- ein sicheres Maß an Selbsterkenntnis und Selbstakzeptanz.

Zusammenfassung

Abnormales oder abweichendes Verhalten ist ein Verhalten, das abweicht vom normalen, nämlich dem Verhalten, das anders ist als die meisten Menschen in der Gemeinschaft, in der das Individuum lebt.
Negatives Verhalten bedeutet auch, dass die Störung so ernst sein kann, dass man die Kontrolle über sich verliert und eine Gefahr für sich oder die Gemeinschaft wird.
Noch einmal ausdrücklich angemerkt:
Negatives Verhalten wird nur durch das Zusammenleben von Menschen definiert!

Hinweis:

Wir werden im weiteren Verlauf abnormes Verhalten als "Geisteskrankheit" bezeichnen, weil dieser Begriff in unserer Gesellschaft der am meisten gebrauchte Begriff ist.

Was ist geisteskrank?

Holzhauer und Van Minden formulierten es so:

"Geisteskrankheit äußert sich in abweichendem Verhalten, Gefühlen, Ideen und Auffassungen, die im Umgang mit anderen Menschen störend sind. Dieser Zustand ist für die Person selbst und/oder die Umgebung unangenehm oder störend.
Es ist außerdem nicht auf eine spezifische Ursache zurückzuführen und manchmal von zeitweiser oder bleibender Art."

Es gibt viele Ursachen für das Entstehen von Geisteskrankheiten und so ist es nicht leicht, diese zu erklären.

Wir können folgende Unterscheidungen machen:

1. erbliche, physiologische und biochemische Faktoren

2. Umgebungsfaktoren

Oft kommt es zu einem Zusammenspiel der o.g. Faktoren.

Zu 1. Erbliche, physiologische und biochemische Faktoren

Bei einer Anzahl von Geisteserkrankungen spricht man von erblichen Ursachen. Wie schon bereits erwähnt, ist jedoch die Beweisführung sehr schwer zu führen.
So kann z.B. eine geisteskranke Mutter einen so großen negativen Einfluss auf ihre Kinder haben, dass diese nicht ungestört aufwachsen können. Eine sehr bekannte Untersuchung wurde von Kallman (1953) durchgeführt. Er untersuchte eineiige Zwillinge im Vergleich zu zweieiigen und kam zu dem Ergebnis, dass man bei der Schizophrenie von erblichen Ursachen sprechen könnte. Wenn bei einem der Zwillinge die Diagnose Schizophrenie gestellt wurde, war bei den eineiigen Zwillingen die Chance viel größer, dass auch der andere schizophren würde.
Seine Kritiker sprachen dagegen mehr von Veranlagung zu geistigen

Erkrankungen, zur sogenannten Prädisposition.

So hat Rosenthal dieses später genauer untersucht (1962). Auch er untersuchte den Zusammenhang zwischen der Schizophrenie und Zwillingen, kam aber zu der Schlussfolgerung, dass nur eine Art der Erkrankung erblicher Natur sei, andere Kategorien aber nicht. Es gibt noch viele weitere Untersuchungen zu den Ursachen, so z.B. defekte neurologische Prozesse im Gehirn (Meehl,1962), Krankheiten des Gehirns durch Tumore, oder ein Zuviel oder Zuwenig von bestimmten Stoffen des Gehirns (Woolley, 1962).

Zu 2. Umgebungsfaktoren

Hier können wir viele Faktoren unterscheiden:

- Eine Abweichung kann durch eine Schwangerschaft verursacht werden, wie z.B. durch bestimmte Medikamente, Sauerstoffmangel während der Geburt usw.

- Erkrankungen des Gehirns wie Infektionen, Tumore, Trauma usw. Sie alle können zu Verhaltensstörungen führen.

- Lernprozesse. Hier denken wir besonders an die behavioristischen Psychologen, die sagen, das Verhalten ist erlernt.

- Familiensituationen können zu psychischen Problemen führen.

Noch einmal möchten wir hier an dieser Stelle auf das Zusammenspiel vieler Faktoren hinweisen. So kann z.B. ein Kind mit einer ererbten Veranlagung zum psychotischen Reagieren in einer günstigen Umgebung ganz normal aufwachsen und ein Kind mit einer gesunden Anlage in einer belastenden Umgebung wohl erkranken. Denken wir einmal an einen psychotischen Vater oder an eine sehr schlechte Beziehung der Eltern.

Gerade hier sind viele Untersuchungen erfolgt. Bateson, Laing und Cooper haben die gestörten Kommunikationsprozesse und emotionalen Konflikte innerhalb von Familien genau untersucht.

Prof. Kuyper nennt einige Voraussetzungen für Familien, damit sich Kinder dort normal entwickeln können:

- Das Kind muss von seinen Eltern den Weg in das Milieu und später in die Gesellschaft lernen

- Die Eltern müssen auch 'Ausrutscher' in der Kommunikation ihres Kindes tolerieren

- Das Kind sollte, u.a. durch die Identifikationsprozesse, eine Persönlichkeit aufbauen können, die den Anforderungen des Lebens entsprechen.

- Man sollte die Selbstständigkeit fördern

- Die Eltern sollten ein gutes Vorbild sein, wie man Problemsituationen lösen kann.

Aber auch einen Zusammenhang zwischen Geisteskrankheiten und Milieu scheint es zu geben. So kommen derartige Erkrankungen häufiger in niedrigeren gesellschaftlichen Klassen vor. Es ist aber auch gut möglich, dass man in den höheren sozialen Klassen wesentlich toleranter gegenüber abweichendem Verhalten ist.
Denken wir hier einmal an einen "reichen Sonderling". Auch hat diese Klasse wesentlich mehr Geld, um sich behandeln zu lassen.

Wenn wir uns so die Geisteskrankheiten betrachten, fällt uns auf, dass so manches abnorme Verhalten in anderen Kulturen als normal betrachtet wird. Als Beispiel nennen wir hier die Halluzinationen. Jemand, der halluziniert, sieht Dinge, die er für real hält, die aber nicht vorhanden sind. In unseren westlichen Ländern ist so jemand "verrückt".

Es gibt aber auch Völker, wo diese Menschen einen sehr hohen Status haben. Sie haben immer Kontakt zu den Göttern und stehen sehr hoch im Ansehen ihrer Gemeinschaften.

Formen der Geisteserkrankungen

Obwohl jedes Individuum eine ganz eigene Form von abweichendem Verhalten zeigen kann, so ist es doch möglich, Kategorien aufzustellen. Wir kennen zwar verschiedene Einteilungen, die jedoch global übereinstimmen.

So erschien 1978 eine Version durch die Weltgesundheitsorganisation mit dem Titel "Mental disorders". Sie basiert auf der Tatsache, dass die Störungen Erkrankungen sind. Dazu jedoch noch einige Anmerkungen:

Das Stellen einer Diagnose kann man vergleichen mit dem Aufkleben eines Etiketts. Eine Diagnose ist aber nur dann sinnvoll, wenn es auch eine dazu genau abgestimmte Behandlung gibt. Da es aber nicht genug gute Behandlungsarten für die verschiedenen geistigen Erkrankungen gibt, so behandelt man viele Formen gleich. Zusätzlich scheinen die Experten beim Stellen einer Diagnose auch noch nicht „eins“ zu sein.

An einer bestimmten Diagnose (Etikett), wie z.B. Psychopath, sitzen auch gleich einige Erwartungen in Bezug auf ein zu erwartendes Verhalten. So kann es sehr schwierig sein, so ein Etikett wieder los zu werden. Dieses Etikett trägt nämlich auch die Erwartungen, wie der Patient sich zu verhalten, und wie die Krankheit zu verlaufen hat - und ob die Person auf die Behandlung gut oder schlecht zu reagieren hat.

Im nachfolgenden Schema überlappen sich die Bereiche, aber die Einteilungen werden so in der Literatur beschrieben:

1. Abnormes Verhalten durch chemische Mittel-
2. Sehr ernstes abnormes Verhalten-
3. Neurotisches Verhalten-
4. Abnormes Verhalten durch Abweichungen im Gehirn (ZNS)-
5. Formen von kriminellen Verhalten-
6. Psychosomatische Beschwerden

Zu Kategorie 1:
Abweichendes Verhalten verursacht durch chemische Mittel

Wie bekannt, haben Stoffe wie Alkohol, Betäubungsmittel und Tabak Einfluss auf das Verhalten. Sie sind für den Benutzer angenehm, wirken entspannend. So wird auf der ganzen Welt Alkohol getrunken und Tabak auf vielfältige Art und Weise geraucht. Es hat sich so eingebürgert, dass wir es schon normal nennen können. Wann können wir jedoch vom abnormen Gebrauch bei diesen Dingen sprechen? Ein einzelnes Mal, so z.B. bei einem Fest, betrunken zu sein, wird durchaus als normal von der Gesellschaft angesehen. Chronisch betrunken zu sein, so dass das Leben nur noch durch Alkohol bestimmt wird, mit allen körperlichen und seelischen Ursachen, so ein Verhalten werden wir wohl als abnorm bezeichnen. Das gilt auch für Schlaftabletten. Ab und zu eine Tablette ist durchaus im Normbereich, bei laufendem Missbrauch jedoch sprechen wir dann von Abhängigkeit. Das gilt natürlich auch für die verschiedenen Rauschgifte. Während man heute annimmt, dass eine Abhängigkeit bei den weichen Drogen, wie Hasch, nicht gegeben ist, ist dieses bei den harten Drogen wie Heroin sicher der Fall. Übrigens erhöht der Gebrauch der weichen Drogen die Wahrscheinlichkeit, dass der Benutzer umsteigt auf die harten Drogen.

Zu Kategorie 2:
Sehr ernstes abnormes Verhalten, das lang anhaltend oder von Dauer ist, wird Psychose genannt. Die Bezeichnung Psychose umfasst eine so große Anzahl von Krankheitsbildern und Erscheinungsformen,

dass man heute mehr den Begriff psychotische Reaktionsformen gebraucht. Diese Formen haben folgende Anzeichen:

Ernste Störungen im Selbsterleben, im Selbstbild und gegenüber der äußeren Umgebung (Zeit, Raum und andere Menschen)
Diese können mit Wahnzuständen (Verfolgungs- und Größenwahn) kombiniert sein. Manche zeigen Störungen des Gefühls, heftige Angst, abnormes Handeln und auch Sprachstörungen. So werden z.B. völlig neue Wortzusammensetzungen erzeugt.
Ein Beispiel ist die paranoide Psychose. Hier wird der Mensch durch ein Wahndenkbild beherrscht. Er denkt, dass er verfolgt wird. Dadurch wird sein normales Funktionieren in der Gesellschaft nicht mehr möglich.

Zu Kategorie 3:
Neurotisches Verhalten
Das Verhalten ist vergleichbar mit den Psychosen, aber weit weniger ernst. Man spricht von einem Verhalten, das verhindert, dass der Mensch auf normaler Art und Weise funktioniert.
Zum Begriff der Neurose wird wieder eine große Anzahl von verschiedenen Erscheinungsformen gerechnet.

Kuiper hat einmal die Neurose so definiert: "Ein Neurose ist ein Konflikt zwischen dem ICH und den „durch-das-ICH-verdrängten“ Strebungen."
Die Ursachen sind sehr schwer anzugeben, wie zum Beispiel auch in einigen Fällen körperliche Gründe als Auslöser in Betracht kommen. Die Behavioristen gehen davon aus, dass neurotisches Verhalten angelernt ist und sie haben Behandlungsmethoden entwickelt, um diese wieder abzutrainieren. Wir werden noch darauf zu sprechen kommen. Man kann Neurosen nach den Erscheinungsformen unterteilen:

- Die Phobie:
Hier hat man Angst vor bestimmten Dingen, wie z.B. Spinnen, Höhenängste usw.

- Die Übertragungsreaktion:
Hier übertragen sich seelische Spannungen/Konflikte auf körperliche Symptome. Beispiel: Magenbeschwerden, Kopfschmerzen usw.

- Die neurotische Depression:
Sie zeigt Störungen wie tiefe Traurigkeit, Inaktivität, Konzentrationsstörungen, Schlaf- und Essprobleme usw.

- Die Zwangsneurose:
Hier fühlt sich der Betroffene gezwungen, bestimmte Handlungen immer wieder durchzuführen. Das kann z.B. ein Waschzwang, aber auch ein Gedanke sein.

Zu Kategorie 4:
Abweichen des Zentralnervensystems.
Unser Gehirn spielt eine zentrale Rolle in unserem Verhalten. Treten im Gehirn Störungen auf, so wirkt sich das natürlich auch auf das Verhalten aus. Notwendig ist das aber nicht!
Einzelne Ursachen können sein:

- Einflüsse während der Schwangerschaft oder Geburt
- Erbliche Einflüsse (Chromosomenschäden)
- Unfälle
- Erkrankungen, wie Tumore, Infektionen usw.

Dabei ist der exakte Platz der Schädigung oft sehr schwer zu finden. Psychologen haben dafür Test entwickelt, die sogenannten neuropsychologischen Tests. Diese ergänzen dann die medizinisch-neurologischen Untersuchungen. Der Vorteil derartiger Tests ist, dass sie preiswert und völlig schmerzlos anzuwenden sind. Ein sehr bekanntes Beispiel ist die Halstead-Reitan-Neuropsychological-Testbatterie. Diese Batterie kann die verschiedensten Bereiche, wie Wahrnehmung, Bewegung, allgemeine Intelligenz, räumliche Orientierung, Sprachverständnis und das Auflösen von Problemen testen. So wird auf diese Weise eine Differentialdiagnose möglich sein. Hier wird in Zukunft sicher noch vieles mehr zu erwarten und zu entwickeln sein.

Zu Kategorie 5:
Formen kriminellen Verhaltens.
Auch durch geistige Erkrankungen kann es zu einem Verhalten kommen, bei dem kriminelle Gesetzesübertretungen vorkommen. Wir kennen den Begriff der Unzurechnungsfähigkeit. Gerade vor Gericht werden Gutachter eingesetzt, die die geistigen Fähigkeiten des Beklagten untersuchen und somit dem Richter Hilfestellung geben.
Auch hier einige Ursachen für derartiges Verhalten:
- Die Tat wurde im Zustand geistiger 'Umnachtung' durchgeführt
- Jemand hat ernste Wahnvorstellungen
- Die Person war sich ihrer Umgebung nicht bewusst
- Jemand hat z.B. einen sehr niedrigen Intelligenzquotienten usw.

Zu Kategorie 6:
Psychosomatische Beschwerden
Hierbei geht es um körperliche Beschwerden, die durch seelische Spannungen und Konflikte verursacht werden. Eine Anzahl von Erkrankungen kann so verursacht werden, aber aufgepasst, kann - muss nicht!

Kopfschmerzen - Hauterkrankungen - Asthma - Magenschmerzen - Allergien - Herzschmerzen usw

Der Begriff 'Psychosomatisch' muss leider vieles decken, denn wenn keine körperlichen Ursachen zu finden sind, so z.B. bei Kopfschmerzen nimmt man an, dass es dann wohl psychosomatisch sei. Der Volksmund sagt in diesem Fall: "Es ist wohl psychisch". Das hat natürlich eine Menge 'Ecken und Kanten'. So ist der Mensch eine Einheit aus Körper, Geist und Seele. Die Wechselwirkungen sind oft so massiv, dass viele Störungen auch den anderen Teil mit beeinflussen. Denken wir in diesem Fall an das Beispiel eines Menschen mit Bluthochdruck und Herzschmerzen, ausgelöst durch einen hohen Arbeitsdruck.

PSYCHOTHERAPEUTEN UND THERAPIE

Es gibt verschiedene Gruppen, die sich mit Therapie befassen:

1. Der Psychiater, ein Spezialist der medizinischen Wissenschaft, genau wie ein Kinderarzt. Der Psychiater beschäftigt sich als Arzt mit der Heilung des geistig erkrankten Menschen. Das kann durch Medikamente geschehen, aber auch durch Gespräche, um die Ursachen für die Erkrankung herauszufinden. Oft wird beides miteinander kombiniert. Viele der Psychiater sind als Psychoanalytiker nach der Lehre von Freud ausgebildet.

2. Die zweite Wissenschaft ist die Klinische Psychologie, eine Spezialrichtung der Psychologie. Hier begegnet uns der Psychologe als Psychotherapeut. Wurde das Gebiet früher nur von den Psychiatern versorgt, so zeigt sich heute eine zunehmende Veränderung in diesem Bereich. Die Methoden der klinischen Psychologie unterscheiden sich zum Teil sehr voneinander. Einer der wichtigsten Aufgabenbereiche ist das Stellen einer Diagnose, so z.B. mit dem Einsatz von Testverfahren.

Zusätzlich gibt es in einigen Ländern eine Anzahl anerkannter Psychotherapeuten aus anderen Berufen, wie z.B. Pädagogen, Sozialarbeiter usw.
Es gibt viele Menschen, die sich bewusst oder unbewusst, mit der Hilfeleistung bei psychischen Problemen ihrer Mitmenschen beschäftigen.
Ein bekanntes Vorbild sind Geistliche, bei denen wir unser Herz ausschütten können. Aber auch die Nachbarsfrau und der gute Freund, die gut zuhören können, erfüllen die Anforderungen an diese Rolle. Oft wird darüber geklagt, dass wir die alte nachbarschaftliche Hilfe eingetauscht haben gegen ein professionelles System.
Aus Untersuchungen wissen wir nämlich, dass die wichtigste Eigenschaft eines Therapeuten 'das Zuhören' ist.
Darüber hinaus ist für eine effektive Behandlung, abgesehen von einer guten Ausbildung, auch folgendes wichtig:

„offensein“ für die Probleme anderer Menschen - die Bereitschaft, zuzuhören - Wärme und Konzentration ...

und vielleicht kann eine gute Nachbarin oder der gute Freund das besser, jedenfalls genauso gut, wie ein professioneller Versorger.

Der Arbeitsbereich

Den Arbeitsbereich von Psychotherapeuten können wir in zwei Bereiche unterteilen:

1. Die Diagnose

2. Die Behandlung

Die Diagnose

So eine Diagnose, durch Testverfahren gesichert, hat die Aufgabe herauszufinden, was dem Patienten eigentlich fehlt. Wir können dieses mit einem Besuch bei einem Hausarzt vergleichen, den man mit Rückenschmerzen aufsucht. Weiß man also, wo die Probleme liegen, kann man direkt zur Behandlung schreiten.

Die Behandlung

Eine Psychotherapeuten-Vereinigung hat diesen Begriff so definiert:

"Psychotherapie ist das Behandeln von Patienten mit psychischen Problemen, Konflikten und Störungen des Verhaltens auf wissenschaftliche, verantwortungsvolle Art und Weise, speziell durch ausgebildete Fachkräfte, die durch methodische Mittel die psychischen Störungen, Konflikte und Schwierigkeiten strukturieren, vermindern oder aufheben."

Wir kennen dabei verschiedene Formen der Therapien, wobei laufend neue Methoden dazukommen. Viele basieren auf bestimmte Theorien, andere wiederum nicht. Es müssen noch viele Untersuchungen über diese Formen erfolgen, damit die Effektivität verbessert wird.

Persönlichkeitslehre

Therapeutische Anwendungen der Konflikttheorien

Diese Einheit setzt Kenntnisse der Persönlichkeitstheorien von Freud, Erikson, Sullivan, Jung usw voraus. Zusammengefasst, können wir sie als Konfliktmodell bezeichnen. Als wichtigsten, gemeinschaftlichen Faktor haben diese Theorien gemeinsam, dass die Persönlichkeitsentwicklung des Menschen von Konflikten gezeichnet ist, die im günstigsten Fall auf einen Kompromiss zurückgebracht, aber nicht aufgelöst werden können.

In diesem Teil werden wir nun einen Einblick in die praktische Anwendung dieser Theorien geben und kommen somit in den Bereich der Psychotherapie. Liest man in den Werken von Freud und Jung, stößt man immer wieder auf die Begriffe der Neurose und Psychose. Zusätzlich werden hier immer detailliertere Begriffe zur Umschreibung der verschiedenen Arten der Neurosen und Psychosen verwendet. Wenn Sie die notwendige Vorausbildung haben, werden Sie leicht die hier besprochenen Krankheitsbilder erkennen. Worum es hier geht, soll noch einmal deutlich gesagt werden:
Wie werden die psycho-analytischen Theorien in der Praxis angewendet, z.B.:

- Wie sieht eine therapeutische Sitzung aus?
- Welche Methoden und Techniken wendet man an?
- Wie sind die Resultate?

Die Behandlung der Geisteskrankheiten in früheren Jahren

PINEL

Ehe wir nun Freud und seine Arbeitsweise näher betrachten, gehen wir einmal gemeinsam in die Zeit vor ihm zurück und verschaffen uns einen Eindruck, wie man damals mit Geisteskrankheiten umging. Der Franzose PINEL wird allgemein als erster Psychiater angesehen. Er lebte von 1745 bis 1826. Er war der Erste, der Geisteskranke als Kranke ansah und nicht als Gefangene, zum Teil noch in Ketten gesperrt. Vor dieser Zeit wurden derartig Erkrankte einfach aus der Gemeinschaft verstoßen. In vielen alten Büchern kann man noch heute sehen, wie psychisch Erkrankte "behandelt" wurden. Man stopfte sie z.B. in eine Tonne. Diese wurde dann sehr schnell im Kreise gedreht. Über den therapeutischen Effekt ist nichts näher bekannt! Oder wie gefallen Ihnen glühende Eisen? Mit ihnen behandelte der Arzt den "gestörten" Geist. Sie sehen schon, dass der Übergang zur Krankenbehandlung von PINEL gewaltig war. Die Verrückten von früher wurden in die medizinische Welt aufgenommen: Es entstanden die Anstalten für Geisteskrankheiten.
Der Begriff: „Patient“ entstand.

FREUD

Auch Sigmund Freud kam, nach seinem Medizinstudium und der Spezialisierung zum Facharzt für Geisteserkrankungen, in eine Klinik für Geisteskrankheiten (ca. 1880). Er arbeitete zusammen mit dem Arzt Josef Breuer. Zusammen mit ihm spezialisierte er sich auf die Behandlung der Hysterien (eine Neuroseform).

Einer der Patienten war Anne O, eine Patientin von Breuer. Anna war ein sehr nettes und intelligentes Mädchen von ungefähr 21 Jahren. Ihre hysterischen Symptome bestanden aus: Lähmungen, Gedächnisverlust, Störungen der Sprache und des Denkens.

Breuer behandelte sie mit Hypnose. Das seltsame war, dass sich Anna in der Hypnose an alles erinnern konnte, nachher aber alles abstritt. Im Verlaufe der Behandlung aber zeigte sich, dass auch das Sprechen ohne Hypnose die Symptome verschwinden, oder sie doch zumindestens zurückbilden ließ. Das beste Beispiel war, dass Anna nichts mehr getrunken hatte, auch wenn sie starken Durst hatte. Sie weigerte sich konstant.
Wochenlang lebte sie nur von Früchten. Während einer Hypnose erzählte sie Breuer, dass dieses Symptom entstanden war, als sie beobachtete, wie ein Hund aus dem Glas Wasser eines anderen Menschen getrunken hat.
Direkt nach diesem Erzählen nahm sie ein Glas Wasser und trank es in einem Zug aus. Auch nach der Hypnose schien dieses Symptom verschwunden zu sein. Auch viele ihrer anderen Symptome, wie ihre Lähmungen verschwanden auf diese Art und Weise. Freud und Breuer waren überzeugt, dass diese "Sprachkur", oder "das Schornsteinfegen", wie Anna selbst meinte, sehr wichtig bei der Heilung von Geisteskrankheiten war.

Katharsis

Später wurde dieser Prozess unter dem Namen 'Katharsis' bekannt. Das bedeutet:
Durch das Aussprechen von unterdrückten Emotionen verlieren diese an Macht und verschwinden. Einige Zeit später machte sich bei Anna ein Prozess bemerkbar, der in Freuds Psychoanalyse ein fester Begriff werden sollte:

Die Übertragung

Anna zeigte positive Übertragungserscheinungen. Sie übertrug ihre liebevollen Gefühle, die sie für ihren verstorbenen Vater fühlte, auf Breuer. Obwohl Freud schon damals davon überzeugt war, dass dieses Geschehen ein fester Bestandteil der Therapie war, brachte es Breuer in erhebliche Schwierigkeiten. Seine Frau wurde ziemlich eifersüchtig und Breuer selbst fürchtete um seinen Ruf. Er brach darauf die Behandlung ab.

Später hatte Freud die Gelegenheit, einige Monate in Paris zu arbeiten. Er arbeitete zusammen mit CHARCOT, der ihn auf die Spur setzte, dass jede Geisteskrankheit einen sexuellen Ursprung hat. Zurückgekehrt nach Wien, probierte Freud dort, seine neuen Gedanken vorzutragen. Das brachte ihn in große Schwierigkeiten. Die Freundschaft mit Breuer ging in die Brüche.

FREUDS SCHLUßFOLGERUNGEN

Durch seine bis dahin gewonnene Erfahrungen konnte Freud folgende Schlussfolgerungen ziehen:

- hysterische Patienten können behandelt werden,
- Die Symptome, die sie zeigen, resultieren aus starken, emotinellen Erfahrungen aus der Vergangenheit.
  Die Erfahrungen sind unbewusst.
- Die Patienten können in einem hypnotischen Zustand angeben, welche emotionellen Erfahrungen sie gemacht haben, aber ohne Hypnose ist ihnen dieses nicht möglich.
- Sobald die Patienten diese Geschehnisse berichtet haben, scheinen sie ihre Kraft zu verlieren und die Symptome nehmen ab.
  Die meisten Psychiater gaben in der Hypnose den Befehl, die Ereignisse zu vergessen.
- In einer guten therapeutischen Beziehung findet Übertragung statt:
  Positive Übertragung, wobei der Patient positive Gefühle auf den Therapeuten überträgt. Diese sind eigentlich für jemand anderem bestimmt (so richtete Anna ihre Liebe für ihren Vater auf den Therapeuten)

  - Negative Übertragung, wobei der Patient negative Gefühle, wie Bosheit, Aggressionen usw. auf den Therapeuten richtet, wobei auch sie für einen anderen bestimmt sind.

NACHTEILE DER HYPNOSE

Die Hypnosemethode hat einige Nachteile. Zwar verschwinden oft die Symptome, aber der Patient wird nicht immer völlig wieder 'hergestellt'. Manchmal entwickelt er nämlich neue Symptome. Außerdem kann nicht jeder Patient hypnotisiert werden. Aber Freud bemerkte auch, dass man mit Reden alleine auch nicht zum Ursprung der Spannungen durchdringen konnte. Er entwickelte eine neue Technik:

DAS FREIE ASSOZIIEREN

Wie funktioniert es denn nun? Der Patient wurde gebeten, sich hinzulegen. Er wurde ermutigt, frei und spontan über das zu sprechen, was ihm in den Sinn kam. Dabei machten der Therapeut und der Patient folgende Absprache:
Der Patient soll auch für ihn unwesentliche Dinge, oder Dinge, die ihm vielleicht unangenehm oder peinlich sind, aussprechen - er soll frei assoziieren.
Der Therapeut saß am Kopfende, also nicht sichtbar. Das sollte die Übertragung etwas eindämmen. Es schien, dass es mit dieser Technik, genau wie bei der Hypnose möglich war, in die Vergangenheit zu gehen, wo die Symptome entstanden waren.
Freud vergleicht das Assoziieren auch in seinem Buch "Vorlesungen über Hypnose" (1917) mit der Hypnose. Als wichtigstes Merkmal der Hypnose- oder Suggestionstherapie nennt er:
Sie braucht wenig Zeit und ist für den Therapeuten und für den Patienten leicht durchzuführen. Ihr Nachteil ist, dass die Symptome oft verschwanden, andere aber plötzlich auftauchten. Manchmal kamen aber auch die alten wieder zurück.
Die Hypnosetherapie arbeitet wie Kosmetik: sie versucht, etwas im Seelenleben des Patienten zu verschleiern (dieses bleibt dem Patienten in der Sitzung unbewusst). Die Psychoanalyse dagegen, versucht es an die Oberfläche zu bringen und es auszuschalten. Man kann diese Methode mit einem chirurgischen Eingriff vergleichen. Nur dadurch kann die blockierte Energie befreit werden und kann dem EGO

oder ICH wieder zur Verfügung gestellt werden. Die Hypnose setzt ihren Akzent mehr auf die Verdrängung.

VERSPRECHEN/VERGESSEN

Aber es gibt noch andere Möglichkeiten, festzustellen, wo der Patient Probleme mit verdrängten Konflikten hat. Über das Vergessen und Versprechen kommen Gefühle hoch, die man lieber verdrängen möchte. Das spielt natürlich auch während einer therapeutischen Sitzung eine große Rolle. Der Präsident, der auf einer großen Veranstaltung seine Rede beginnt mit den Worten:
"Hiermit erkläre ich die Veranstaltung für geschlossen " gibt nach Freud deutlich zu erkennen, dass er am liebsten die Veranstaltung schon jetzt beenden möchte.

TRAUMANALYSE

Ein für die Therapie sehr wichtiges Hilfsmittel ist die Traumanalyse. Der Traum wurde von Freud als "Der königliche Weg zum Unbewussten" betitelt. Wenn man sich beim Aufwachen noch an einen Traum erinnern kann, so wird er der "manifeste" Traum genannt. Dieser sagt über sich selbst noch nicht viel aus. Der Analytiker sucht nun nach Symbolen in diesem Traum, um an den wahren Inhalt des Traumes zu gelangen. Dieses nennt man dann: den "latenten" Trauminhalt".
Viele Gefühle, die wir im Wachzustand verdrängen, kommen doch im Traum wieder vor. Sie sind dann aber nicht deutlich, sondern in Symbolen eingehüllt. Der Analytiker soll die Symbole erkennen und deuten, das bedeutet - auslegen. Es gibt nämlich eine Anzahl von festen Symbolen, die sich bei jedem Menschen finden:

TRAUMSYMBOLE NACH FREUD:

Geld: verweist auf Ausscheidungen (Stuhl)
Eine Reise/Abwesenheit: verweist auf den Tod
König oder eine andere Machtfigur: Vater
Baum/Schlange/Schwert: Penis

Dose/Portemonnaie: Vagina
Zwei Schwestern: die Brüste

Ein Beispiel:

"Er traf seine Schwester in Gesellschaft von zwei Freundinnen, die selbst auch Schwestern waren. Er gab zwar ihnen die Hand, aber nicht seiner Schwester".

Freud deutete dieses so:
Die Gedanken dieser Personen führten ihn in eine Zeit zurück, wo er entdeckte, dass bei Mädchen Brüste wachsen. Die beiden Schwestern sind hier diese Brüste, die er gerne mit der Hand betasten möchte, wenn sie nicht von seiner Schwester wären.

Durch die oben genannte Methode versuchte Freud unbewusste, verdrängte Gefühle an die Oberfläche kommen zu lassen. Diese Gefühle kommen aus der Kinderzeit und führten damals, sobald sie geäußert wurden, zu erheblichen Probleme mit der Umgebung.
Freud meinte, dass alle diese verdrängten Gefühle eine sexuelle Basis haben.
Wenn Sie sich mit der Entwicklungspsychologie etwas auskennen, so wissen sie, wie die Konflikte in den einzelnen Stufen entstehen können.
Wir wissen auch, dass jeder Mensch in jeder Phase seines Lebens durch Konflikte "gehen muss". Es ist nach Freud eine Tatsache, dass Verlangen und Impulse des ES oft im Streit liegen mit den Bedürfnissen der Umgebung. Es ist nun die Aufgabe des ICH, alle Wünsche zu einem Kompromiss zu bringen: Es sucht nach Möglichkeiten, über akzeptierte Manieren doch noch zu einer Lustbefriedigung zu kommen. Wie können wir dann erklären, dass nun ein Mensch eine Therapie braucht, ein anderer aber nicht?
Mit anderen Worten: Wo ist der Unterschied zwischen "gesund" und "krank"?

GESUND - KRANK

Auch bei gesunden Menschen spielen Abwehrmechanismen eine große Rolle:
Es ist oft so, dass ein Abwehrmechanismus, z.B. Sublimation, besser arbeitet als ein anderer, z.B. Regression.
Mit "besser" ist hier gemeint: Das Verhalten ist nicht in Konflikt mit der Umgebung oder dem ÜBERICH, bietet aber doch noch Raum für die Befriedigung der Impulse aus dem ES.
Welche Abwehrmechanismen bei Menschen nun in Kraft treten, hängt stark von dem Druck ab, den die Umgebung ausübt und von der Stärke des ICHS in diesem Moment, das diesen schweren Konflikte verarbeiten muss. Der Unterscheid zwischen einer gesunden und einer neurotischen Persönlichkeitsentwicklung ist kein absolutes Maß, es ist vielmehr auf einer variablen Skala zu suchen.
Der neurotische Mensch kann z.B. eine Anzahl von Symptomen in sein Verhalten aufgenommen haben: Ängste, bestimmte Schmerzen (ohne körperliche Ursachen) oder Zwangshandlungen, Tic's und Lähmungen, auch hier wieder ohne körperliche Ursachen.
Die Psychoanalyse ist als Behandlungsmethode nur bei neurotischen Patienten brauchbar. Bei Psychosen ist es nach Freud unmöglich, zu einer guten Zusammenarbeit zu kommen. Hierzu gehören ja, wie bekannt, Absprachen wie: 5 x die Woche kommen, freies Assoziieren, aller zu erzählen, was hochkommt....
Das Bild des Psychotikers ist so 'verstört', dass er gar nicht fähig ist, diese Absprachen einzuhalten.

ANWENDUNG DER IDEEN VON ERIKSON

Erikson entwickelte eine ganz andere Vision auf dem Gebiet des ICH als Freud. Die Entwicklung verläuft in einem kontinuierlichen Prozess von der Geburt bis zum Tod. In jeder Phase wird nun ein spezifischer Teil des ICH (oder der Identität) aufgebaut. Wie jedoch unterscheidet sich nun in der Praxis die Auffassung?
Zuerst einmal müssen wir feststellen, dass auch er ein 'richtiger' Psychoanalytiker ist. Im therapeutischen Setting benutzte er die gleichen

Methoden wie seine Kollegen. In seinem Buch "Identität, Jugend und Krise" gibt er diese Methoden noch einmal genauer an:
Freies Assoziieren, Trauminterpretation, und das Zurückgehen in die verdrängten Jugenderfahrungen. Aber auch Kritik zeigt er in diesem Buch auf. Er kritisiert, dass die traditionelle Psychoanalyse den Begriff "Identität" nicht definieren kann, und dass Umgebungsfaktoren und das Milieu nicht berücksichtigt werden.
Die Psychoanalyse bezeichnet derartige Dinge zwar als "Außenwelt", bezieht sie aber nicht als durchdringender Faktor mit ein.

Ausgehend vom Wissen der Sozialpsychologie müssen die kulturellen und historischen Hintergründe notwendigerweise mit einbezogen werden, um den Begriff "Identitätsentwicklung" ausreichend erklären zu können.
Nachfolgend geben wir nun ein Beispiel für die Arbeitsweise von Erikson:

Eine Frau aus dem mittleren Westen der USA hat als Beschwerden: ein allgemeines Gefühl der Blockierung und ein anhaltendes Gefühl leichter Angst. In ihren Träumen offenbarte die Patientin langsam einen verborgenen Brunnen von ungeborener Freiheit. In ihren freien Assoziationen scheint sie "gequetscht" und lebensunlustig, aber in ihren Träumen hat ihr Humor schon fast ein Eigenleben.
So träumte sie z.B., dass sie in einer flammenroten Jacke in den Gottesdienst ging und mit Steinen durch das Fenster warf. Ihre farbenreichen Träume brachten sie in die Zeiten des amerikanischen Bürgerkrieges. Sie sah sich in einem gigantischen Ballsaal, sitzend auf einem WC, das von kleinen Mauern umgeben war. Um sie herum tanzten stattliche Offiziere und ihre Frauen in herrlichen Ballkleidern. Dazu spielte ein riesiges Blasorchester.
Was bedeutet nun dieser Traum?
Er brachte sie zurück zu einem isolierten Teil ihrer Kindheit, wo ihr freundlicher Großvater zentral stand.
Er war ein alter Kriegsveteran, der ihr sehr viel bedeutete. Ein Stück ihrer Identität, das mit ihm verbunden war, konnte nach seinem Tod keinen Nahrungsboden mehr finden und wurde verdrängt. Aus diesem Beispiel können wir sehen:

- die Methode ist: Freies Assoziieren und Traumanalyse
- die Ursache der Probleme finden wir in der Kindheit

- Die Interpretation des hervortretenden Materials ist nun typisch für Erikson:

Der Nachdruck liegt auf der Entwicklung der Identität und der Einfluss bestimmter Personen (hier der Opa) auf diese Entwicklung. Das Sterben ihres Großvaters beendete die Identifikation mit ihm.

Neben den Kinderjahren führte Erikson noch andere, wesentliche Ursachen für die Entwicklung von Identitätsproblemen an:
bestimmte kulturell-gesellschaftliche Bedingungen können zu einem Stau des Prozesses der Identitätsentwicklung führen. So arbeitete Erikson mit an einem Projekt, das Kriegsveteranen, die von der Front zurückkamen, auffing, auch wenn der Krieg noch nicht beendet war.
Der Grund:
Die Entwicklung von neurotischen Symptomen und der Verlust der ICH-Synthese, manchmal mit Regressionserscheinungen. Sie waren zu lange und zu intensiv dem körperlichen Stress, sozialer Angst und natürlich ICH-Angst ausgesetzt. Das führte dazu, dass die Veteranen nicht mehr wussten, wer sie waren. Die Kontinuität war weg, die soziale Rolle verschwunden und sie waren nicht mehr "Ein-Und-Derselbe".

Hiermit wollen wir die Betrachtungen zu Erikson schließen.

SULLIVAN

Der Psychiater Harry S. Sullivan ist durch sein Interesse an zwischenmenschlichen Beziehungen bekannt geworden. Vieles an seiner Theorie erinnert stark an die von S. Freud:
z.B. die Entwicklungsphasen, die er angibt, der Begriff "Dissoziation" und der Begriff „Sublimation“. Aber bei der Anwendung seiner Ideen in der psychiatrischen Praxis weicht er doch stark von seinem Vorbild Freud ab.

Psychiatrie, so sagt er, ist in Wirklichkeit das Studium der interpersönlichen Beziehungen. Das wichtigste Ziel der Psychotherapie ist für ihn, dem Patienten bei seiner parataxischen Störung zu helfen. Diese Störung muss beseitigt werden, damit der Patient zu einer sicheren und befriedigenden interpersönlichen Beziehung gelangt.
Die Störung resultiert aus einer anhaltenden Angst, die in der Kinderzeit durch einen Mangel an Liebe und Akzeptanz entstanden ist. Daraus folgt, dass der junge Mensch ein negatives und verzerrtes Selbstbild aufbaut.

Zusammen mit dem Therapeuten arbeitet der Patient an der Wiederherstellung seiner verzerrten Wahrnehmung und an der Änderung seiner unrealistischen Ideen.
In seiner Therapie mit Schizophrenen und Zwangsneurotiker stellte Sullivan fest, dass die Methode der freien Assoziation nicht gut funktionierte. Auch andere Techniken versagten. Von diesem Zeitpunkt an konzentrierte er sich auf den Kommunikationsprozess in der Therapie. Für Sullivan wahr es schon früh deutlich, dass der Therapeut kein objektiver Beobachter sein kann, sondern eher ein partizipierender.
Das bedeutet: er ist selbst ein Teil des Kommunikationsprozesses und darum sind seine eigenen Ideen, Haltungen und Handlungsweisen sehr wichtig.
Während der Therapie suchen Therapeut und Patient nach dem Ursprung der Dissoziation. Genau wie Freud sucht auch Sullivan ihn in bestimmten kindlichen Erfahrungen in einer der Entwicklungsphasen. Aber anders als bei Freud springt der Psychiater mit der gewonnenen Erkenntnis über die Entstehung der Fixation wieder zurück in die derzeitige Situation des "Hier-und-Jetzt". Er sorgt dafür, dass der Patient diese Erkenntnisse sowohl in der Kommunikation mit dem Therapeuten als auch außerhalb anwendet.

Die 4 Phasen im psychiatrischen Interview

Die Beziehung zwischen dem Therapeuten und dem Patienten nannte Sullivan das 'psychiatrische Interview'.

Es ist in 4 Phasen unterteilt:

1. Die Anfangsphase:

In dieser Phase verhält sich der Therapeut als ruhiger Beobachter, um sich ein Bild von den Problemen des Patienten zu machen.

2. Die Erkennungsphase:

Jetzt sammelt der Therapeut so viele Einzelheiten über die Lebensumstände, wie er bekommen kann, so z.B. durch intensives Befragen.

3. Die detaillierte Untersuchung:

Der Therapeut stellt aus den Erkenntnissen der Phase 2 eine Anzahl von Hypothesen auf und beginnt sie, im Hinblick auf die Entstehung der Patientenproblematik, zu testen.

4. Abschlussphase

Sullivan schlägt hier vor, dass der Therapeut nun eine Zusammenfassung davon mitteilt, was er zusammen mit dem Patienten gelernt hat. Er macht Voraussagen über die zukünftige, nun veränderte innere Haltung und die inneren Strukturen des Patienten

Wie Sie gesehen haben, unterscheidet sich Sullivan sehr in der Anwendung der Theorien gegenüber den anderen Konfliktpsychologen. Der Nachdruck, den er u.a. auf die innermenschlichen Beziehungen legte, hatte auch sehr großen Einfluss auf die Arbeit anderer Kollegen.

JUNG

Über seine Methode in der Psychotherapie sagte Jung selbst:

"Die Therapie ist in jedem Fall anders anzuwenden. Wenn ein Arzt mir erzählt, dass er strikt nur der einen oder anderen Methode folgt, dann zweifel ich am therapeutischen Effekt."

und er sagte weiter:

" Im Hinblick auf das Individuum gibt es für mich auch nur individuelle Begriffe. Für jeden Patient muss ich auch eine andere Sprache verwenden. Wenn Sie mir zuhören, so können Sie mich einmal in der Lehre Freuds, aber auch in anderen sprechen hören."

Das schrieb Jung am Ende seines Lebens. Es wurde in seinem Todesjahr veröffentlicht.

Als junger Assistent arbeitete er in Zürich an einer psychiatrischen Klink. Dort wurden Assoziationsexperimente durchgeführt. (Auch Wilhelm Wundt, der 1879 das erste psychologische Laboratorium errichtete, arbeitete, wie viele seiner Nachfolger, auch an diesen Experimenten).

Aus diesen Experimenten lernte Jung, dass bei jedem Menschen auf der Basis der Emotionen eigene Wortassoziationen entstanden. Das hatte Freud, unabhängig von Jung, auch schon entdeckt. Er verwendete daher das freie Assoziieren als Technik und verzichtete mehr und mehr auf die Hypnose.

Das folgende Beispiel von Jung soll zeigen, wie die Assoziationen gemessen werden und wie er sie interpretierte:

"Ich traf einmal einen Professor der Rechte, der sich für diese Experimente zwar interessierte, aber nicht daran glaubte. Ausgerüstet mit meinen Hilfsmitteln, eine Wörterliste und eine Uhr suchte ich ihn auf.

Es war ein alter Herr, der bereits nach 15 Assoziationen ermüdete und meinte: "Was möchten Sie eigentlich damit erreichen und was ist nun dabei rausgekommen?"
Ich antwortete: "Etwas wichtiges! Ich kann ihnen nun wohl das eine oder andere daraus sagen."

Die kritischen Reaktionen lauteten wie folgt:

Reizwort	Reaktionswort-
Geld	wenig-
Tod	sterben-
Küssen	schön-
hart	schlagen-
bezahlen	la semeuse- (franz.Münze)-

Die Interpretation von Jung:

"Sie haben scheinbar finanzielle Probleme und denken an den Tod, der durch einen Herzanfall ausgelöst werden könnte. Ab und zu haben Sie Herzklopfen. Schließlich haben Sie süße Erinnerungen an ein Liebesabenteuer mit einer Französin!"

Es sah so aus, als hätte hier Jung mitten in das Zentrum geschossen.

Sie können aber auch an diesem Beispiel deutlich sehen, wie so ein freies Assoziieren überhaupt angewendet wird: Die Prüfperson (hier der alte Herr) hört Wörter, auf die er so schnell wie möglich mit einem anderen Wort reagieren sollte. Während des kurzen Nachdenkens nimmt der Verantwortliche die Zeit. Die normale Reaktionszeit beträgt ungefähr 2 Sekunden. Bei einigen Wörtern verlängert sich die Reaktionszeit erheblich und die Wörter werden mit deutlichen Emotionen ausgesprochen. Auch wenn man die Liste wiederholt, so bleiben doch diejenigen Wörter auffällig, die auch schon vorher besonders hervortraten. Jung nahm daher an, dass gerade diese Wörter für die Versuchsperson eine große Bedeutung haben. In unserem Beispiel nahm er daher die fünf Wörter, die eine verlängerte Reaktionszeit hatten und die für den Herrn anscheinend eine psychologische Bedeutung haben. Sie waren mit starken Emotionen verbunden, die allerdings in das Unterbewusstsein verdrängt waren.

Jung stellte auch den Begriff "Komplex" auf.
Es ist eine Anzahl von verdrängten Inhalten, die zueinander gehören, also miteinander verbunden sind. So ein Komplex kann eine Bremse für das bewusste Funktionieren sein, kann es aber durchaus auch positiv fördern. Wir sagten ja bereits, dass Jung den Komplexen gegenüber eine positive Haltung hatte.

Aber auch auf dem Gebiet der Träume zeigte sich diese Haltung. Der Traum spiegelt den inneren Zustand des Träumers wieder. Das umfasst auch den unbewussten Teil der Psyche und so spielen auch die Komplexe eine wichtige Rolle in den Träumen. Darin gleichen sich Jung und Freud in ihren Ansichten.
Neu war bei Jung allerdings, dass der Traum auch konstruktiv sein kann.
Er ist daher nicht nur ein Abbild der Komplexe, sondern im Traum können sich auch Lösungsmöglichkeiten aufzeigen. Ein sehr bekanntes Beispiel darüber zeigt ein Traum von Jung selbst, den er über sich und eine Patientin von ihm gehabt hatte.
Er träumte, dass er entsetzlich hoch gucken musste, um diese Frau überhaupt zu sehen (sie saß auf einen hohen Turm einer Burg).
Jung interpretierte den Traum so:
Wenn ich in einem Traum so hoch gucken muss, dann werde ich in Wirklichkeit zu sehr auf die Patientin herabschauen.
Er erzählte der Patientin schließlich von diesem Traum und auch von seiner Deutung, mit dem Ergebnis, dass die Behandlung nun mit großen Schritten voranging.

Die theoretischen Unterscheidungen von Freud und Jung haben wir ja schon besprochen. Die Arbeitsweisen beider unterscheiden sich aber nicht so sehr. Die Technik des freien Assoziieren und das Analysieren der Träume ist bei beiden gleich. Nur in der Interpretation des Materials unterscheiden sie sich dann.

Auch bei Erikson ist die Art, an das Material heranzukommen, die gleiche - die psychoanalytische Arbeit.
Aus den Interpretationen ergibt sich der große Nachdruck auf die Identitätsentwicklung. Die Phase der Interpretation orientiert sich sehr stark an die Intuition. Neben feststehenden Symboldeutungen wird vieles von dem, was der Patient sagt, intuitiv gedeutet. So verwundert es auch nicht, dass der große Krach, der dafür sorgte, dass Jung sich von den Anhängern Freuds lossagte, mit der Uneinigkeit der intuitiven Traumdeutungen zu tun hatte.
Schon als Freud und Jung nach Amerika reisten, beschlossen sie, nur so zum Zeitvertreib, die Träume gegenseitig zu deuten. Bei einem Traum von Freud fragte Jung ihn, ob er ihm einige Assoziationen zu den Traumbildern geben könnte. Freud weigerte sich mit dem Hinweis, dass seine Autorität damit in Gefahr käme. Jung war daraufhin schon sehr wütend. Als Jung kurze Zeit später einen seiner eigenen Träume erzählte, bekam ihre Freundschaft einen zweiten Knacks. Jung träumte, dass er in einem Haus war, das viele Keller und Gewölbe enthielt. In diesen Gewölben lagen alten Gegenstände, so auch zwei Schädel. Freud meinte daraufhin erkennen zu können, dass Jung im den Tod an den Hals wünschte um selbst der Leiter der psychoanalytischen Bewegung zu werden. Jung sah diesen Traum als Äußerung des "kollektiven Unbewussten". Ein Begriff, den er zu dieser Zeit formulierte und in seine Theorie aufnahm.

RANK

Als letzten der Konfliktpsychologen wollen wir nun die Therapieformen und -Techniken von Otto Rank erläutern. Rank war einer der ersten Nachfolger Freuds und war jahrelang aktives Mitglied der Wiener Psychoanalytischen Vereinigung.
1924 veröffentlichte er sein Buch über das Geburtstrauma und verlor damit gleichzeitig die Freundschaft von Freud, der vollkommen konträr in seinen Auffassungen war. Für RANK war das Geburtstrauma sehr wichtig, um Neurosen zu begreifen. Es führte zu zwei Strebungen im Menschen:

- das Streben, in den sicheren Mutterschoss zurückzukehren, und
- das Streben nach Wiedergeburt und Abnabelung von der Mutter, um so unabhängig zu werden.

Im Idealfall kann der Mensch beide Strebungen im Gleichgewicht halten.
Oft gelingt dieses aber nicht und der Mensch ordnet sich seiner Umgebung an (Konformist). Anderseits ist es auch möglich, dass er in seiner Entwicklung stecken bleibt und zwar in der Phase des "counter-will" (Gegenwillen). So sind neurotische Affektionen nach Rank Affektionen (Erkrankungen) des Willens.
Aber auch Widerstand ist eine Manifestation des Willens.

Welche Konsequenzen hat nun diese Auffassung für die Therapie?

- Er ist der Vertreter der Kurzzeit-Therapie. Das Ende wird gleich zu Beginn festgelegt.

- Er ist der Meinung, dass der Therapeut und der Klient flexibel sein müssen und nicht so starr und passiv wie in der Psychoanalyse.

- Der Klient muss in der Therapie lernen, seinen Willen zu entwickeln, wenn dieser die Ursache der Störung ist.
  Negative Willensäußerungen, in der Form von Widerstand, müssen durch positive ersetzt werden.

- Die Therapie wird benutzt, um das Geburtstrauma erneut zu erleben, der Hauptakzent liegt aber auf dem "Hier-und-Jetzt".

- Es geht in dieser Therapie nicht um den Gesprächsinhalt, sondern um das Verhalten. Besonders die Gefühlsäußerungen des Klienten gegenüber dem Therapeuten müssen sehr genau beachtet werden.

Was hatte RANK nun für einen Einfluss?
Wenn wir uns die heutigen therapeutischen Techniken ansehen, werden wir seinen Einfluss noch sehr genau wiedererkennen.

Der Nachdruck auf das "Hier-und-Jetzt" ist auch in den modernen Therapieformen vorhanden. Die Aktivität des Therapeuten und die Übertragung von Verantwortung auf den Klienten sind genau das, was auch heute von einer modernen Therapie erwartet wird.
Auch die Beziehung zwischen Klient und Therapeut ist sehr bedeutend für die modernen Therapeuten. Wenn wir diese Beziehung so beschreiben, dass sie eine Möglichkeit zum positiven Wachsen in der Therapie bietet, so können wir erkennen, dass RANK ein deutlicher Wegbereiter der humanistischen Therapeuten gewesen ist. Nur der enorme Nachdruck auf das Geburtstrauma ist etwas, was wir bei späteren Therapeuten in dieser Form nicht mehr finden.

Neue Anwendungen der Konflikttheorien

Wir haben nun gesehen, wie die Konflikttheorien in der therapeutischen Praxis angewendet werden. Die beschriebenen Verfahren datieren aus dem ersten Jahrzehnt des 20. Jahrhunderts. Wir wollen nun in diesem letzten Teil einen Eindruck vermitteln, wie heute diese Techniken verwendet werden und beginnen mit einem Beispiel:

Eine alleinstehende Frau (27) kommt in die Therapie.
Hier die größten Beschwerden:
Grosse Angstanfälle bei öffentlichen 'Auftritten'.
Sie ist schon früher in Therapie bei einem männlichen Therapeuten gewesen, aber ohne Erfolg. Während des ersten Interviews sagt ihr zweiter Therapeut, dass er den Eindruck hätte, sie lasse ihn sowohl die positiven wie auch die negativen Seiten sehen und sie auch ausprobieren. Er war auf ihre Reaktion gespannt. Sie gab direkt zu, dass sie in der ersten Therapie sexuelle Impulse gegenüber ihrem Therapeuten gehabt, aber nicht getraut hatte, sie ihm gegenüber einzugestehen.
Während des dritten Interviews kam es wieder zu einem Gespräch über die sexuellen Impulse und anschließend gab sie an, dass sie nun herrlich entspannt sei und mit der 'Bewachung' des Therapeuten auch in der Therapie schlafen könnte.

Der Therapeut erkennt unmittelbar, dass hier wieder sexuelle Übertragungen stattfinden, sagt aber nichts dazu. Nach weiteren Sitzungen zeigt sich, dass diese Frau Beziehungen zu zwei Arten von Männern hat:
Mit Männern aus negativer Umgebung hat sie sexuellen Kontakt, was ihr enorme Schuldgefühle liefert, und mit Männern, die für eine Ehe infrage kamen, hatte sie rein platonische Verhältnisse.
Der Therapeut interpretierte die sexuellen Gefühle ihm gegenüber als Übertragung und suchte die Person, auf die sie eigentlich gerichtet waren. Es schien ihr Vater zu sein, mit dem sie eine sehr intime Beziehung hatte. Dieser Mann war sehr besitz ergreifend und vertrieb jeden Bewerber, der sich für eine Tochter interessierte,

Der große Konflikt für die Frau war:
Das Kombinieren von Liebe mit sexuellem Verhalten.

Dieses Beispiel wurde dem Buch "Individual Psychotherapy and the Science of Psychodynamics" von D.H. Malan (1997) entnommen. Er beschreibt dort die Ursachen aus der Sicht der Psychoanalyse so:

das zentrale Problem ist die Beziehung Vater/Tochter; die sexuellen Gefühle der Tochter gegenüber dem Vater können nicht geäußert werden (Tabu) und werden verdrängt.

Der Therapeut ist derjenige, auf den wohl diese Gefühle geäußert werden können (die Erscheinung 'Übertragung')

Es ist nun Sache des Therapeuten, herauszufinden, wem denn nun eigentlich diese Gefühle zugedacht sind und wie und wann diese Gefühle verdrängt worden sind. Sie müssen dann wieder in das Bewusstsein geholt werden.

In diesem Buch, das jährlich neu aufgelegt wird und somit eines der populärsten ist, werden die Prinzipien der Psychoanalyse sehr deutlich gemacht: Abwehrmechanismen, das freie Assoziieren, das Interpretieren der unbewussten Kommunikation und die Formen der Übertragungen.

Gerade in dieser therapeutischen Technik ist die Interpretation ein wesentlicher Bestandteil, da man unterstellt, dass der Konflikt des Menschen zu einem großen Teil in das Unterbewusstsein verdrängt ist.
Das bedeutet, dass der Klient sich dieses Konfliktes nicht bewusst sein kann. Die Aufgabe des Therapeuten ist es nun, durch das Interpretieren, durch Erkennen von Abwehrmechanismen usw den Inhalt des Konfliktes zu begreifen und ihn vorsichtig in das Bewusstsein des Klienten zu holen.

MALAN sagt dazu: "Das Ziel jedes Moments in der Sitzung ist, den Klienten soviel von seinen wahren Gefühlen erfahren zu lassen, wie er ertragen kann."

Das bedeutet für den Therapeuten, er muss beurteilen können:

- wie weit der Klient sich seiner Gefühle bewusst ist

- die Art der noch verdrängten Gefühle

- wie dicht bestimmte Gefühle an der Oberfläche sitzen

- die Stärke von Angst und Schmerzen, womit diese Gefühle verbunden sind.

- Die "Tragkraft" des Klienten, d.h., welche Gefühle er im Moment ertragen kann.

Das alles ist eine schwere Aufgabe für den Therapeuten. Was auffällt, ist das hier die Intuition eine grosse Rolle spielt. Aber es gibt auch hier keine festen Regeln. MALAN sagt dazu " Wie und was wir interpretieren kann man aus keinem Buch lernen; dieser Prozess ist in Wirklichkeit intuitiv."

1. PSYCHOTHERAPEUTISCHE VERFAHREN

1.1. Psychoanalyse nach Freud, * 1856 *1939

Das Ziel der Psychoanalyse ist das Unbewusste bewusst zu machen. Es sollen unbewusste, psychische Prozesse dem Patienten bewusst werden, um z.B. Neurosen, Fehlleistungen, Traumen und psychoneurotische Symptome zu behandeln.

Freud beschrieb die Existenz eines unbewussten Seelenlebens, dass aus Trieben und Gedanken besteht, die jedoch "versteckt" sind. Sie dringen nicht in das Bewusstsein, da sie dort Angst verursachen würden. Ergo bleiben wichtige Faktoren - Motivationen-, die das Verhalten steuern, im Verborgenen.

Freud war der Meinung, dass alles eine Ursache haben muss, wohlwissend, das in kommenden Zeiten vieles naturwissenschaftliche Erklärungen finden wird. Eine Ursache waren, seiner Meinung nach, die sexuellen Bedürfnisse seiner Patienten.

Daraus entwickelte er eine Persönlichkeitstheorie, die die Ganzheit aufteilt.

- ES

Der primitive Teil der Persönlichkeit. ES ist das Sammelbecken für die psychische Energie und Triebkraft, die sogenannte Libido, die nach Freuds Ansicht sexuellen Charakter hat.

ES ist darauf ausgerichtet Bedürfnisse sofort zu befriedigen, um selber befriedigt zu werden. ES ist nach dem Lustprinzip darauf ausgerichtet Lust zu verschaffen und Schmerz zu vermeiden.

- ÜBER-ICH

Es vereint die Wertbegriffe der Gesellschaft und wird durch moralische Vorschriften geprägt. Es ist für das Streben nach Idealen (z.B. ein Elternteil) verantwortlich. In ihm werden soziale Werte verinnerlicht und verschmelzen mit der eigenen Persönlichkeit.

- ICH

Es ist die Sichtweise, wie man sich selber sieht. Das ICH verfolgt die Eigeninteressen in rationaler Weise und berücksichtigt auch die Folgen des Handelns. Das ICH vereint die konkurrierenden Einflüsse vom ES und ÜBER-ICH und sorgt dafür, dass die Persönlichkeit funktioniert.

Die Aufteilung der Persönlichkeit diente ihm dazu, Anpassungsprobleme (Neurosen) zu beschreiben. Die Persönlichkeit unterliegt nach seiner Meinung jedoch einer Entwicklung, in der jedoch belastende Perioden durchgemacht werden. Diese bezeichnete er als psychosexuelle Entwicklungsstadien.
Daraus entwickeln sich bestimmte Charakterstrukturen und -störungen entwickeln:

Charakterstrukturen nach Sigmund Freud

Charakter: (gr. Gepräge) Wesensart, persönliche Haltung und psychische Struktur eines Menschen; durch Anlage und Umgebung geprägt, von der Affektivität getragen.

R = Reaktionsbildung
S = Sublimationsbildung (im gesellschaftlichen Sinne positive Transformation)

1. Oraler Charakter

aufnehmend gierig bei Abhängigkeitstendenzen
Hinwendung und Neigung zur Symbiose (Zusammenleben verschiedener Organismen zum gegenseitigen Nutzen)

R: Abwendung von anderen und der Umwelt
S: Wendung nach außen zu Anderen hin
Gourmetverhalten
Tendenz zum depressiven Formenkreis

orale Phase: 0-15 Monate: Beziehung und Entwicklung werden über die Nahrungsaufnahme organisiert. Wünsche nach Geborgenheit und Liebe.

2. Analer Charakter

Ehrgeiz, Hass, Wut, Ärger, Rivalitäten, Sadismus, Hochmut, Starrsinn

R: Geiz, Intoleranz, übergroße Ordnungsliebe,
S: Unzuverlässigkeit, beständig, ordnungsliebend diese Personen
Neigungen zum Zwang.

anale Phase: 11 - 33 Monate. Beziehung und Entwicklung werden charakterisiert durch die Motorik und Sauberkeitserziehung; Wünsche nach Kontrolle, Macht und Besitz.

3. phallischer Charakter
Hass, Neid, Missgunst, Geltungsbedürfnis bei Frauen, die ihre Rolle als Frau ablehnen. Tendenz zum hysterischen Formenkreis.

phallische Phase: beginnende Geschlechtsidentifikation, Ödipus-Komplex; Geltungswünsche.

4. narzisstischer Charakter
Selbstliebe, Egoismus, geliebt werden wollen

S: Extrovertiertheit
Tendenz zum hysterischen Formenkreis

5. Genitaler Charakter
kontaktbereit, freundlich, leistungsbereit, Hinwendung zum Leben.

Genitale Phase: reife Übernahme der Geschlechtsrolle; Liebes- und Bindungswünsche.

Die Frage: "Wie wirkt jemand auf mich (als Therapeut)?"
kann die Einordnung von Patienten in o.g. Charaktertypen ermöglichen.
Die Antwort darauf ist die Sublimierung eines Charakterzuges.

Ödipuskomplex
Jedes Kind macht diese Phase durch. Sie wird im Alter zwischen 3 und 5 Jahren durchlebt und auch als phallische oder infantile-genitale Phase bezeichnet.
Im Anschluss an die anale Phase entwickelt sich ein Lusterleben des Kindes, woraus ein sexuelles Verlangen zum andersgeschlechtlichen Elternteil resultiert, gepaart mit einer aggressiven Rivalität zum gleichgeschlechtlichen Elternteil. Liebes- und Feindseeligkeitsgefühle des Kindes laufen parallel ab. Läuft diese Entwicklungsstufe wie oben beschrieben positiv ab, so lernt das Kind, dass es sich mit dem gleichgeschlechtlichen Elternteil arrangiert. Zumeist wird dies durch eine Identifikation erreicht (um Bestrafungs- und Kastrationsängsten zu entgehen, wird z.B. der Vater als Modell angenommen). Damit hört der Hass – die Aggressivität- auf oder er wird verdrängt ("Wenn ich groß bin wie der Papa heirate ich die Mama").
Im negativen Fall kann die unzureichende Konfliktbeherrschung das Entstehen von Neurosen (z.B. dissoziative Störungen, hysterische Neurosen) unterstützen. Es kann auch zu Triebstörungen und abnormalem Sexualverhalten führen.

Charakterliche Grundtypen

1. Hysterie
4. - 5. Lebensjahr

Zugrunde liegt die Ambivalenz zwischen dem Wunsch nach Zuverlässigkeit und der Angst vor dem Beständigen. Mit den sexuellen Regungen vollzieht sich eine Fixierung an das gegengeschlechtlichen Elternteil. Hass und Abtrennungswünsche werden verdrängt.
Er ist ein Verleugner. Was ihm nicht passt wird, verleugnet und verdrängt.
Er ist selbstbezogen und hat ein starkes Geltungsbedürfnis.
Situationen mit der notwendigen "Festlegung" lösen hysterische Symptomatik aus.
Zum Auftreten der hysterischen Symptomatik können u.a. führen:
- Partnerschaft
- Beruf
- Kontinuität einer Beziehung
- Verzicht

Eine körperliche Symptomatik soll Aufmerksamkeit erwecken.

2. Zwangsneurotiker
2. - 4. Lebensjahr (anale Phase)

Spontane, nicht auslebbare, aggressive und sexuelle Impulse und die Angst vor Wandelbarem.
Unbeständigkeit und Verlust kennzeichnen diesen Charaktertyp.
Es besteht eine Kollision zwischen der Entfaltung motorischer Aktivitäten und der Macht der Autorität von Eltern.
Es bildet sich eine Angst, sich gegen die Forderungen der Eltern zur Wehr zu setzen.
Die Eigenstrebung - die Opposition - gegenüber den Eltern wird nie vollständig unterdrückt.
Der Rest Eigenwillen zeigt sich in überbetonter Sauberkeit und Ordnung. Erzeugt ein "Impuls" Drang zu etwas Neuem, wird der Zwang erhöht, was wiederum zu einer momentanen Befriedigung führt.

Dieser Zwang verselbstständigt sich. Die darauf folgende Gegenwehr entspricht der Gegenwehr gegen die Autorität der Eltern.
Sie zeichnen sich aus durch
- Ordnungsliebe
- Sparsamkeit bis zum Geiz
- Starrsinn
- Gefühlskälte
- Rechthaberei

3. neurotische Struktur des Depressiven
1. - 2 Lebensjahr (orale Phase)

Der Konflikt besteht aus dem Gegeneinander von Selbstständigkeitsbestrebungen.
Er kann nicht NEIN sagen. Er nimmt seine Wünsche zurück, ausser der Forderung nach Zuneigung und Verwöhnung.
Eine starke Tendenz zur Symbiose mit dem Wunsch nach Anklammerung an starke Partner ist feststellbar.
Der Depressive ist an die orale Stufe fixiert (Nahrung, Wärme und Nähe).
Eine Trennung von der Mutter wäre zu diesem Zeitpunkt tödlich. Der Erwachsene empfindet genauso.

5. Struktur des Schizoiden
0. - 2. Lebensjahr

Misstrauen beschreibt diesen Charaktertyp. Es ist die Unvereinbarkeit zwischen den Bedürfnissen nach Nähe und Ferne.
Für Außenstehende schafft dies den Eindruck von Unbeholfenheit und Realitätsferne.
Ursache ist die abrupte Abweisung, Frustration oder der Verlust der Bezugsperson. Das Kind zieht sich zurück. Dies aber mit ambivalenten Gefühlen.
Ererbte Charakterdispositionen finden sich bei Schizoiden.

Bei Frauen entwickelt sich diese Neurosenstruktur eventuell auch in der phallischen Phase. Misstrauen und Geltungsbedürfnis sind bezeichnend.
Schizoid strukturierte Menschen neigen zu hysterischen Reaktionsweisen mit ausgeprägter narzisstischer Besetzung. Das narzisstische Bedürfnis "geliebt zu werden" wird in der Sublimierungstendenz zum "sich anderen Zuwenden."

Das Ergebnis seiner Neurosentheorie besagt, dass sich der Mensch meist nicht an traumatisierende Ereignisse einer dieser Phasen erinnert. Er ist sich der eigenen Wünsche und Triebe nicht bewusst. Er setzt dagegen Abwehrmechanismen ein.

1. Verdrängung:
Die Verdrängung ist ein wichtiges, wenn nicht sogar das wichtigste Mittel, um das innere Gleichgewicht in Ordnung zu halten. Verdrängung erfolgt, wenn Vorstellungen und Triebe mit anderen kollidieren und dann eine unlustvolle Spannung hervorrufen. Verdrängte Impulse, Wünsche und Triebe sind über einen Zeitraum nicht erinnerlich. Sie wirken unbewusst weiter und sind dann in Träumen Fehlhandlungen oder neurotischen Symptomen feststellbar.

2. Verleugnung:
Der Patient weigert sich eine Tatsache wahrzunehmen. Sie ist einfach nicht da.

3. Verneinung:
Der Patient verneint bewusst eine Tatsache, eigene Gefühle, Gedanken und Wünsche, um z.B. verdrängte Inhalte seines Selbst am Bewusstwerden zu hindern.

4. Verschiebung:
Die affektive Erregung wird in der Erinnerung von einem Erlebnis auf ein anderes übertragen. Umgekehrt kann ein Affekt, der mit einer best. Vorstellung verbunden ist, substituiert (ersetzt) werden. Die Bedeutung von Vorstellungen geht auf andere Vorstellungen über. Auch Handlungsimpulse und -tendenzen können von einem Objekt

auf ein anderes - Ersatzobjekt - verschoben werden (Aggression gegen den Chef zu Aggressionen gegen die Familie).

5. Ungeschehenmachen:
Man bemüht sich so zu tun, als ob Gedanken, Handlungen, Impulse, Erlebnisse und Phantasien nicht vorhanden sind. Sie werden entweder nicht in die Erinnerung zurückgeholt oder eine aufkommende Erinnerung wird durch bestimmte Rituale und Handlungen überdeckt. Erkennbar ist aber auch die Tendenz, dass die Gedanken, Handlungen u.s.w. durch entgegengesetzte neutralisiert werden (übermäßiges Bestrafen eines Kindes mit Küssen und herzen desselben).

6. Projektion:
Eigene Wünsche, Erwartungen, Gefühle und Interessen werden in die Außenwelt hinausverlegt. Eine Konfrontation mit Erlebensinhalten und Gefühlen, Trieben und Wünsche, die einem Menschen unangenehm sind, die er selbst verabscheut und ablehnt, können zu erheblichen Irritationen führen. Dies wird abgewehrt, indem es unbewusst anderen Personen zugeschrieben wird, damit man diese dann auch "hassen" kann. Auch die Projektion entgegengesetzter eigener Wesenszüge auf einen anderen Menschen, mit dem Ziel sein eigenes Problem zu relativieren (Geizhals - " Meine Frau ist eine Verschwenderin").

7. Introjektion:
Auch beim gesunden Menschen kommt es zu einer Übernahme von Normen, Handlungen, Auffassungen eines anderen Menschen. In der Spitze entsteht ein Abbild von einer Person, wobei es egal ist, ob sie gehasst oder geliebt wird. Die Wesenszüge werden derart verinnerlicht, dass durch die Ähnlichkeit (Gleichmachen) die innere Auseinandersetzung mit dem Anderen überflüssig wird (Sohn kopiert den verhassten Vater, wobei sie sich so ähnlich sind, dass sich der Hass verliert).
Der Neurotiker setzt dieses Abwehrmittel strategiemässig ein und identifiziert sich damit.

8. Unterdrückung
Der Mensch versucht bewusst unangenehme Gedanken zu verbannen, in dem er an etwas anderes denkt.

9. Isolierung
Dieser Mechanismus isoliert einen Bereich psychischer Inhalte von anderen Bereichen dergestalt, dass die normalen Interaktionen zwischen den Bereichen reduziert werden und Konflikte deshalb gelöst werden können.

10. Intellektualisierung
Sie beschränken sich auf die intellektualisierenden Aspekte eines Problems. So schützen sie sich vor den emotionalen Aspekten eines Problems und können sich vor den damit verbundenen Ängsten bewahren.

Mit den Verdrängungen können parallel starke gegenläufige Tendenzen offenkundig werden, was als Reaktionsbildung bezeichnet wird. Z.B. kann eine Mutter, die ihr Kind umhegt und pflegt damit eine verdrängte Feindschaft gegenüber dem Kind übertünchen. Es werden Impulse verdrängt und genau dieselben Impulse werden nach außen bekämpft.

1.1.2. Das Verfahren

Der Zeitraum, über den sich die Psychoanalyse erstreckt ist nicht genau festgelegt. Sie kann sich über 150 - 400 Stunden erstrecken.
4-5 Sitzungen pro Woche sind anzustreben.
Der Patient liegt auf der Couch und der Therapeut sitzt außerhalb des Blickfeldes hinter der Couch.

Die Mittel der Analyse sind:
- freies Assoziieren

In Entspannung soll der Patient seelische Barrieren aufheben und alles sagen, was ihm einfällt zu Wünschen, Träumen, Vorstellungen und Erinnerungen. Diese sollen nicht einer bewussten Auswahl unter-

liegen. Die Aussagen werden vom Therapeuten nicht zensiert. Ziel ist die bewusste, rationale Kontrolle des Patienten auszuschalten. Da viele Assoziationen aus dem Unbewussten kommen, erfährt der Therapeut etwas über die Schwerpunkte und Akzente des Erlebens, wobei Absichten und Ziele weitgehend ausgeschaltet werden.
Inwieweit freie Assoziationen "frei" sind, kommt auf den Einzelfall an. Die Situation, die Persönlichkeit des Untersuchers und die Sensibilität des Patienten beeinflussen die Assoziationen in unterschiedlichem Masse.

- Traumdeutung

Träume sind so vielgestaltig, wie das Leben des Patienten. In Träumen kommt es zu Verschiebungen und Verknüpfungen von Bildern, Personen und Fakten. Diese müssen jedoch nicht zu den gemachten Erfahrungen passen.
Freud sah im Traum den Ausdruck von unbewussten Impulsen, Wünschen und Phantasien, die jedoch (da unter Zensur von außen oder innen) verschlüsselt werden. Der Traum ist quasi Symbol oder Gleichnis.
Durch Assoziieren über die Träume gelangt der Patient und / oder der Therapeut zu den Informationen, die dahinter stehen.

- Übertragung

Zärtliche oder feindliche Gefühle, unbewusste Vorstellungen, Ängste und Konflikte werden übertragen. Sie können die Therapie hemmen oder fördern. Der Therapeut kann die Position (aus der Sicht des Patienten), z.B. des Vaters annehmen. Dadurch wird der Analytiker zu einem Teil der Erfahrungen des Patienten. Der Patient erlebt die Beziehungen zu dieser Person noch einmal, real und aktuell.
1914 schrieb Freud: Die Übertragung ist selbst nur ein Stück Wiederholung und die Wiederholung ist die Übertragung der vergessenen Vergangenheit nicht nur auf den Arzt, sondern auch auf alle anderen Gebiete der gegenwärtigen Situation.

- Gegenübertragung

Es entspricht dem Gefühl der Übertragung auf Seiten des Arztes und Psychotherapeuten. Diese Gefühle beruhen auf der (unbewussten)

Aktivierung von früheren Erfahrungen, die durch Gefühle und Vorstellungen im Laufe der Therapie gegenüber dem Analysanden entstanden sind.
Es ist die Gesamtheit der unbewussten Reaktionen auf sein therapeutisches Gegenüber und auf dessen Übertragung.
1.1.3 Verhalten des Therapeuten
Nach Freud soll der Analytiker die Therapie mit "gleichschwebender Aufmerksamkeit" durchführen. Er muss sich frei und leer machen. Vorurteile, eigene Zielvorstellungen und persönliche Neigungen bleiben außen vor. Er deutet und erhellt schrittweise die unbewussten Wünsche und Phantasien der Klienten. Die Kenntnis von Übertragung und Gegenübertragung, als bedeutender Anteil der Interaktion und deren Voraussetzungen zeigen wie wichtig der Leitsatz, als Idealfall, in Ausbildung und Praxis ist.

1.2. Individualpsychotherapie nach Adler

1.2.1 Grundlagen
Alfred Adler * 1870 + 1937
war einer der ersten Schüler Freuds. Er entwickelte sich aber zu einem Kritiker, da er Freuds Betonung der Sexualität ablehnte. Er konzentrierte sich darauf, dass der Hauptantrieb des Menschen in angeborenem, sozialen Bewusstsein bzgl. dem Gemeinschaftsgefühl liegt.
Der Name Individualpsychologie wählte er wegen der These, dass es eine einheitliche, individuelle "Bewegungslinie" gibt, in der sich die soziale Aktivität einer Persönlichkeit darstellen und empfinden lässt (ADLER 1970). Diese Bewegungslinie ist zunächst eine Mischung von Gemeinschaftsgefühl und dem Streben nach persönlicher Überlegenheit.
Diese Überlegenheitsbestrebungen haben den Charakter eines weiteren Abwehrmechanismus.

Kompensation: Sie bezeichnet den psychischen Vorgang, bei dem Minderwertigkeitsgefühle, die durch empfundene, körperliche und / oder psychische Mängel entstehen, durch besondere Leistungen auf einem anderem Gebiet ausgeglichen werden. Dies hat für jeden

Menschen einen charakteristischen Lebensstil mit den damit verbundenen Erlebens- und Verhaltensweisen zur Folge.

1.2.2 Der Konflikt

Der Konflikt liegt in der Über- oder Fehlkompensation, die entsteht, wenn das Streben nach Macht, Vollwertigkeit und Geltung missverstanden und übertrieben wird. Die Entwicklung einer Kompensationsneurose, als neurotische Fehlentwicklung ist die Folge.
Ein Minderwertigkeitskomplex mit all seinen schädlichen Folgen für die Anpassung. Sie sind das Ergebnis, wenn die Persönlichkeitsentwicklung (kontinuierlicher Prozess der Reaktion auf eine reale oder eingebildete Unterlegenheit) mit extremen und außerordentlichen Belastungen einhergeht und wenn Kompensationsversuche wiederholt fehlschlagen.

1.2.4 Die Therapie

Der Patient liegt während der Behandlung nicht auf der Couch. Es wird in Gesprächsform geführt.
2-3 Sitzungen / Woche sind normal.

- verstehen des Patienten und der Persönlichkeitsstrukturen und des Lebensstiles.
- der Mechanismus des Misslingens wird erklärt
- der Patient soll zu seinen Wegen gelenkt werden. Die Entwicklungsbedingungen sollen optimiert werden, damit das Streben nach Überlegenheit sozial konstruktive Formen annehmen kann.

1.3 Die analytische Psychotherapie nach Jung
Carl Gustav JUNG 1875 + 1961

PSYCHE = GESAMTPERSÖNLICHKEIT
Die Psyche besteht aus getrennten, aber interagierenden, Systemen.
Das ICH besteht aus der Gesamtheit der Wahrnehmungen, Gedanken, Erinnerungen und Gefühlen. Es unterstützt den Menschen im Alltag und vermittelt das Gefühl der Identität und Kontinuität.
Neben dem ICH existiert das Unterbewusste. In diesem Nebeneinander steckt ein erhebliches Konfliktpotential.

Das Unterbewusstsein:
- das persönliche Unterbewusstsein
  der Wahrnehmungen nicht zugänglicher Erfahrungen und Gedanken.

Das kollektive Bewusstsein:
  die akkumulierte Summe aller Erfahrungen der Spezies, die über die Menschheitsentwicklung gemacht wurden.

Ein wichtiger Bestandteil ist der Archetypus. Sogenannte, angeborene "Urbilder", die sich in Mythen und Wunschbildern von Kulturen , sowie Individuen immer wiederfinden
(z.B. Vater, Mutter, der alte Weise, die Hexen, der Teufel)

Jung würde nicht das persönliche Drama aufzudecken versuchen, sondern archetypische Bedeutungen.
Der Mensch besteht aus zwei Grundeinstellungen und -haltungen
- Extraversion
die Orientierung an der Umwelt, der äußeren, objektiven Welt
(der extrovertierte Typ)
- Introversion
die Orientierung an der inneren, subjektiven Welt
(der introvertierte Typ)
Diese Grundeinstellungen halten sich nicht die Waage, sondern tendieren zu einer von diesen.

Ein Klassifizierungssystem kann entstehen, wenn sich die Grundeinstellungen mit vier (in jedem Menschen vorhandenen) grundlegenden Elementen verbinden.

- Denken
  das konzeptionelle und intellektuelle Erfassen des Selbst und der Welt

- Fühlen
  die Reaktion eines Individuums auf andere Menschen, Situationen und Objekte, wie Lust, Schmerz, Wut, Furcht, und andere Gefühle.

- Empfinden
  die Wahrnehmung der Realität oder der psychischen Repräsentation von Realität.

- Intuition
  Die unbewusste Wahrnehmung des unterschwelligen Wesenskerns der Realität. Das unmittelbare, ganzheitliche Erkennen oder Erfahren von realen Sachverhalten, das Erkenntnisse einleiten und begleiten kann. Das intuitive Denken ist einfalls- und eingebungsartig.

Diese Funktionen unterscheiden sich danach, wie stark sie das bewusste Denken beherrschen oder in das Unterbewusstsein geschoben werden kann. Nach Jung versucht das SELBST zwischen diesen Funktionen eine Balance herzustellen.

1.3.2. Der Konflikt

Verantwortlich für psychische Konflikte und Persönlichkeitsveränderungen sind zwei Prinzipien. Die Antriebskraft des Menschen ist psychische Energie.

- Äquivalenz

ist die Erhaltung von Energie
Wird also in einem Persönlichkeitsanteil die Energie erhöht, dann fehlt sie in einem anderen. Ein Minus beim ICH ergibt ein Plus beim persönlichen oder kollektiven Unterbewusstsein.

- Entropie
Prinzip des Gleichgewichts (Homöostase)
das Streben der Persönlichkeit die vorhandene Energie gleichmäßig auf das ICH und das zweigeteilte Unterbewusstsein zu verteilen.
Jung sieht das Ziel der Persönlichkeit in der Selbstverwirklichung (angeborenes Streben nach Identität und Ganzheit), d.h. der optimalen Persönlichkeitsentwicklung.
Auf diesem Weg kann es zu Blockierungen und Persönlichkeitsveränderungen kommen. Dies entsteht, wenn in der Entwicklung Hindernisse auftauchten, die diese Blockierungen auslösten. Hinzu kommt aber auch das Hier und Heute des Menschen mit dem Blick in die Zukunft - dem Handlungsplan für die Zukunft.
Mittel des Therapeuten, um diese Blockierungen aufzudecken sind die Untersuchung der Träume, der Imagination und der kreativen Erfahrungen.

1.4 Die Neopsychoanalyse nach Harald Schulz-Henke

bedeutende Vertreter: Erich Fromm * 1900 + 1980

In dieser Theorie werden alte Therapieformen zusammengeführt. Erhalten bleiben die Theorien über Neurosen, der Zugang zum Unterbewussten, Traumdeutung und freie Assoziation. Der Kern der Persönlichkeit besteht aus dem Streben nach gefühlsmäßiger Sicherheit im zwischenmenschlichen Bereich. Ursprung ist hier die Familie. Die Umwelteinflüsse auf die Persönlichkeit werden hervorgehoben.
Das Antriebserleben wird unterschieden in:

- intentional	- kaptativ (oral)
- retentiv (anal)	- aggressiv-geltungsstrebig
- urethral	- sexuell

1.4.2 Der Konflikt

Neurotische Störungen entstehen durch Hemmung der Antriebsbereiche in verschiedenen Stufen (Erziehungsfehler führen zu Härte oder Verwöhnung) Diese Hemmungen oder weiterführend Neurosen zeigen sich in Bequemlichkeit, übersteigertem Anspruchsdenken, Überkompensation und Ersatzbefriedigung.

1.4.3 Die Therapie
Die Therapie wird zeitlich begrenzt auf z.B. 20 Std.
Sie besteht aus drei Phasen:
- Anamnese
- Klärung des Konflikts
- Erklären des Konflikts

1.5 Logotherapie nach Frankl
Kern dieser Theorie ist das Behandeln von Neurosen, seelischen Störungen, die aus geistigen Problemen hervorgegangen sind. Der Patient soll den Sinn des Daseins selbst und in eigener Verantwortung finden. Er wird dazu ermutigt durch Dereflexion, von sich selber weg, eigene Unvollkommenheiten und das Leiden anzunehmen. Ein weiteres Mittel ist die paradoxe Intention. Der Klient soll sich das wünschen, was er nicht will, vor dem er sich fürchtet.

1.6 Stützende Therapieverfahren, bei denen das Bewusstsein nicht verändert ist

1.6.1 Suggestionstherapie
Es werden positive Vorstellungen vermittelt, bei denen das Rationale umgangen wird. Sie beeinflusst stark das Denken, Fühlen, Wollen und Handeln. Zur Anwendung kommt sie insbesondere mit Erfolg bei willensschwachen, unselbstständigen und (leichtgläubigen) Menschen. Ob sie eingesetzt wird ist weiterhin abhängig von Alter, Geschlecht und der aktuellen Situation des Patienten.
Durch Suggestionen werden im Patienten Vorstellungen erzeugt, indem die Resonanzfähigkeit auf Gefühle angesprochen wird. Rationale Argumente werden ausgeschaltet. Zwischen dem Therapeuten und dem Patienten entsteht ein affektives Wir-Gefühl.
Die Therapie läuft in 3 Phasen ab:
- Problematik aufdecken und abklären
- mit dem Patienten eine Rangordnung der Suggestionen festlegen
- geben der Suggestionen, die nach einigen Tagen wiederholt werden.

1.6.2 Persuasionstherapie
Im Gespräch mit dem Patienten werden die Zusammenhänge der Problematik aufgedeckt und es werden falsche Vorstellungen abgebaut. Mittel sind hier:
- Überreden
- Zureden
- Belehren

Die Therapie verläuft wiederum in 3 Phasen ab:
- abklären
- eine Rangordnung festlegen
- Argumente geben, die das Rationale ausschließen

1.7 Stützende Therapieverfahren, bei denen das Bewusstsein verändert wird

1.7.1 Hypnose
Anzeigen:
Neurosen, psychosomatische Erkrankungen
Gegenanzeigen: Psychosen, traumatische Erlebnisse, bei Ablehnung des Patienten, bei privaten Bindungen, bei ungelösten Bindungen an andere Therapeuten.

Der Patient wird in einen schlafähnlichen Zustand versetzt. In diesem kann es zu untypischen und fremden Verhaltensweisen kommen. Nach der Einleitung der Hypnose treten physische und psychische Funktionsänderungen auf:

- körperliche Entspannung
- Immobilisation
- erhöhte Empfangsbereitschaft für Suggestionen (Suggestibilität)
- die Aufmerksamkeit ist auf die verbalen Interventionen des Therapeuten ausgerichtet.
- die willkürliche Kontrolle lässt nach
- das Denken wird verzerrt

Die unter Hypnose, durch Suggestionen, herbeigeführten Reaktionen und Verhaltensweisen zeigen keinen Unterschied zu nicht hypnotisierten Patienten. Suggestionen und Manipulationen werden nur insoweit verfolgt, wie sie für das Wesen und die Persönlichkeit des Patienten typisch sind.

1.7.2 Autogenes Training

Es handelt sich hierbei um ein (auto-) suggestives Verfahren, eine Art von Selbsthypnose durch systematische Selbstentspannung.
In die konzentrative Selbstentspannung gelangt der Anwender durch Formeln und festgeschriebene Einzelschritte.

- Schwereübung
- Wärmeübung
- Herzübung
- Atemübung
- Sonnengeflechtsübung
- Kopfübung
- entsprechende Selbstinstruktionen

Es wird eine vegetative Umstimmung und Entspannung erreicht. Der Anwender kann sich lösen, versenken, um Ängste abzutrennen und sich zu erholen.
Bei vorhandener Trainingserfahrung können Korrekturen von Gewohnheiten und Reaktionsweisen erreicht werden.
Das AT beeinflusst nicht Störungen, die Erregung, Antriebsmangel oder depressiven Verstimmungen einhergehen. Es wird vorwiegend als Ergänzung zu anderen Therapieverfahren im neurotischen und psychosomatischen Störungsbereich eingesetzt.

2. Die Verhaltenstherapie

2.1 Definition der VT

Sie umfasst eine große Anzahl von unterschiedlichen Techniken und Behandlungsmaßnahmen. Sie richtet sich am konkreten Ziel aus.
Da das Symptom die Störung ist, soll sie beseitigt werden.
Störungen werden unterschieden in:

- Störungen 1. Ordnung:
  gesellschaftlich erlerntes Verhalten ist nicht oder nur zum Teil erlernt worden.

- Störungen 2. Ordnung:
  Es besteht ein die Gesellschaft oder das Individuum störendes Ver halten.

Um dieses Ziel zu erreichen setzt sie an der behavioralen (siehe unten), kognitiven oder physiologischen Ebene des persönlichen Problemverhaltens an.
Da das Symptom die Störung ist, soll sie beseitigt werden. Sie umfasst die:
- klassischen, aus der Lernpsychologie abgeleitete Verfahren.
- kognitive Interventionsmethoden.

2.2 Entwicklung und Grundlagen

2.2.1 John Broadus WATSON, * 1878 + 1958
Forschungsobjekt ist das objektiv beobacht- und messbare Verhalten, ohne innerseelische Vorgänge mit Denken, Fühlen und Wollen.
Abnormes Verhalten resultiert aus mangelhaften oder falschen Lernprozessen. Es ist die gelernte Reaktion auf Anforderung und Belastung der Umwelt. Das Symptom ist die Störung und nicht Anzeichen für eine tieferliegende Störung.

Am Beispiel der Phobie erklärt:
Das Objekt der Phobie (unkonditionierter Reiz) wurde gekoppelt mit einem unangenehmen Reiz (unkonditionierter Stimulus). Dies hat zur Folge, dass der neue konditionierte Reiz tatsächlich und gedanklich gemieden wird.
Die Phobie wird durch dieses Vermeidungsverhalten verstärkt, denn ohne die Auseinandersetzung mit dem Reizobjekt gibt es auch keine unangenehmen Folgen.
Danach ist Verdrängung die Möglichkeit dem Reizobjekt aus dem Weg zu gehen, gelerntes Vermeiden.

2.2.2 Das klassiche Konditionieren

PAWLOW *1849 +1936

Pawlow hatte aufgrund von Versuchsreihen herausgefunden, das und wieviel Speichel ein Hund bei Darbietung von Nahrung freisetzt. Der "unbedingte" Reflex bestand aus der Reiz-Reaktion-Verbindung "Wenn Nahrung, dann Speichelfluss":
Unkonditionierter Reflex = UCS + UCR
UCS = unkonditionierter Stimulus
UCR = unkonditionierte Reaktion
d.h. wenn Nahrung (UCS), dann Speichelfluss (UCR)

Die Konditionierung besteht aus der Kopplung des UCS (Nahrung) mit einem weiteren UCS (löst alleine keinen Speichelfluss aus). Zum Beispiel wird vor dem Darbieten der Nahrung ein bestimmter Ton ausgelöst. Irgendwann, nach wiederholter Kopplung wird der Ton, als konditionierter Reiz (CS) empfundener, Auslöser für den Speichelfluss. Der Speichelfluss ist durch die Kopplung an den Ton (CS) eine konditionierte Reaktion (CR).

konditionierter Reflex = CS + CR

zusammengefasst:
UCS (Futter) löst UCR (Speichelfluss) aus.
UCS mit UCS (Ton) löst UCR (Speichelfluss) aus
nach Kopplung
CS (Ton) löst CR (Speichelfluss aus.

Weiterführend können dem nun konditionierten CS (Ton) ein weiterer UCS (Licht) durch Konditionierung hinzugefügt werden. Nach wiederholter Kopplung wird der UCS (Licht) zu einem CS und löst Speichelfluss aus. Allerdings ist nun der Ton ein konditionierter Stimulus. Auf den Menschen übertragen sind solche Konditionierung "höherer Ordnung" Vorgänge, die häufig anzutreffen sind.
So kann es sein, wie jeder Mensch es schon erlebte, dass ein eigentlich neutraler Reiz plötzlich starke Emotionen auslösen kann.

Dieser komplexe und komplizierte Vorgang stellt auch das Problem dar, das Patient und Therapeut haben. Nämlich den Ursprung aller ineinandergreifender Konditionierungen festzustellen.

2.2.2.1 Prinzipien des Konditionierens
- Bekräftigung:
Bekräftigung ist die Wiederholung einer Kopplung in zeitlichen Intervallen. Wichtig ist also, dass diese Stimuli systematisch erneuert werden.

- Löschung (Extinktion)
Löschung ist das Ergebnis, wenn der CS ohne Bekräftigung, d.h. wiederholt ohne den UCS angeboten wird. Dann ist die CR gelöscht. Würde man als den Ton mehrmals weglassen, so würde er auch keinen Speichelfluss mehr auslösen.
Die Löschung wird insbesondere bei Phobien eingesetzt, wobei davon ausgegangen wird, dass das Reizobjekt ein konditionierter Reiz ist. Durch Löschung verliert das Objekt den Reiz.
Nicht immer kann eine CR vollständig gelöscht werden. Sie taucht nach einer versuchsfreien Periode wieder auf. Da sie aber selten vollständig ist, kann der konditionierte Reflex rasch wieder gelöscht werden.

- Generalisierung:
Eine konditionierte Reaktion (CR), die mit einem konditionierten Stimulus (CS) gekoppelt ist, tendiert dazu auch vorhanden zu sein, wenn dem Ursprungs-CS ähnliche Stimuli gegeben werden. Als Beispiel kann die konditionierte Angst vor einer Ratte auch dann eintreten, wenn der Stimulus nicht die Ratte, sonder ein anderes pelziges Tier ist.

- Diskriminierung (Unterscheidung):
Die Stimulusgeneralisierung als Bestandteil des klassischen Konditionierens ist wichtig. Jedoch ein zuviel davon kann schon wieder ein Zeichen von Fehlanpassung sein.

Hier ist ein Unterscheidungstraining notwendig. In der Phase des heranwachsenden Menschen muss dieses ein gewichtiger Bestandteil des Lernprozesses sein. Zum Beispiel ist zu lernen, welche Situationen real gefährlich sind und welche nur den Anschein erwecken als ob.

2.2.3 Das operante Konditionieren

Burrhus F. SKINNER *1904 + 1990
Clark L. HULL *1884 +1952
Edward Lee THORNDIKE *1874 +1949

Edward Lee Thorndike formulierte 1911 das "Gesetz des Effektes", das besagt, dass sich Lust einprägt und Schmerz löscht. Wenn eine Handlung positive Folgen hat, wird sie wiederholt und umgekehrt. Nach Thorndike war der Lernvorgang instrumentalisiert. Er besteht in der Änderung der Umwelt der Versuchsperson.
B.F. Skinner prägte den Begriff "operantes Konditionieren". Dahinter verbirgt sich (nach diversen Tierversuchen, u.a. "Skinner-Box") das Ziel des Handelns der Individuen. Der Mensch operiert so, dass die Konsequenzen aus dem Verhalten positiv sind.

2.2.3.1 Verstärkung (reinforcement) im Sinne des operanten Kond.
Thorndike stellte zunächst die Hypothese auf, dass Verhalten auf Lustgewinn oder Schmerzreduzierung ausgerichtet ist.
Clark Hull war der Meinung, dass der Kern der Verstärkung darin besteht, die biologischen oder existentiellen Bedürfnisse (Hunger, Durst, gefährliche Situationen) zu vermindern. Er merkte dazu an, dass jedoch viele Verstärker erst durch Assoziation mit der Bedürfnisminderung dazu werden, was sie sind (Ich gehe dort einkaufen, wo ich freundlich behandelt werde, obwohl ich weiß, dass es dort teurer ist). Die freundliche Verkäuferin ist in diesem fall ein sekundärer Verstärker. Das Geld, das Lob, das Lächeln sind im Alltag Beispiele für sekundäre Verstärker. Sie kündigen an, dass uns etwas Angenehmes bevorsteht.

Verstärkungsarten nach Skinner:
- positive Verstärkung
  jeder Stimulus, der die Wahrscheinlichkeit oder Stärke der vorangegangenen Reaktionen erhöht.

- negative Verstärkung
  die Festigung von Reaktionen, auf die sofort eine Verminderung oder Beendigung der Reizsituation erfolgt.

Vieldiskutiert ist in diesem Zusammenhang die Frage nach der Bestrafung als negativer Verstärker. Zieht die Bestrafung eine positive Verhaltensänderung nach sich?
Bestrafung ist der Stimulus, der die Wahrscheinlichkeit oder Stärke der vorangegangenen Reaktion verhindert (Skinner).
ESTES resümierte, dass Bestrafung unwirksam ist und lediglich eine vorübergehende Unterdrückung der unerwünschten Reaktion bewirke.
U.AZARI und W. HOLZ kamen zu dem Schluss, dass eine einzige harte Bestrafung wirksam ist. Sie wird effektiver, wenn alternative Verhaltensweisen positiv verstärkt werden.
Folge der Bestrafung kann ein soziales Verhalten nach sich ziehen, das schlimmer ist als das Bestrafte.
Die Konsequenz ist, dass die Wirksamkeit von positiven Verstärkern und Bestrafungen nach dem Einzelfall ausgerichtet werden müssen.

2.2.4 weitere Entwicklung der VT

Die VT im engeren Sinne entwickelte sich etwa um 1950.
Sie wurde vorrangig von WOLPE, EYSENCK und SKINNER entwickelt. Sie konzentrierten sich auf direkt beobachtbares Verhalten, das von den Konsequenzen abhängt. Daraus folgt, dass eine Verhaltensänderung durch eine Änderung der Konsequenzen erreicht wird.
BANDURRA (1977) erweiterte diesen Denkansatz auf kognitive Prozesse (Aufmerksamkeitszuwendung, Behalten, Kodieren, Abrufen von Informationen) als wichtige Faktoren des Lernens (Lernen über das Modell; soziale Modellbildung). Ausschlaggebend für die Persönlichkeitsbildung ist die soziale Umwelt. Er prägte den Begriff des

Beobachtungslernens. Durch Beobachten der sozialen Umwelt werden Erwartungen aufgebaut, die aufzeigen, wie sich der Mensch in Zukunft verhalten soll. Danach dient die Verhaltenstherapie der Stärkung der Erwartungen der persönlichen Wirksamkeit.
BECH (1967) entwickelte diverse Interventionsmethoden:
- kognitives Neubewerten
- Endkatastrophisieren.

2.3 Prinzipien der VT
Sie orientiert sich an der empirischen Psychologie. Die Verfechter legen Wert darauf, dass die Maßnahmen der VT empirisch überprüfbar bleiben.
Sie ist problemorientiert
Sie setzt am aktuellen Problemverhalten und den aufrechterhaltenden Bedingungen an.
Bei verschiedenen Störungsbildern werden dazu wirksame Therapieformen angewandt.
Sie soll die Fähigkeit beim Klienten erhöhen, die zu behandelnden und allgemeinen Probleme besser lösen zu können.
Sie ist zielorientiert
Bedeutender Bestandteil der Therapie ist die Identifizierung des Klienten mit dem Therapieziel. Therapeut und Klient legen es gemeinsam fest. Auch wird dem Klienten klargemacht, dass mit dem Erreichen des festgelegten Therapiezieles auch das Therapieende erreicht ist.
Sie ist aktionsorientiert
Der Patient wird aktiv an der VT beteiligt. Dies äußert sich unter anderem in der Aufgabe, neue Verhaltensweisen und Problemlösungsstrategien durchzuführen und zu erproben.
Sie ist transparent
Dem Therapeuten kommt die Aufgabe zu, die vorliegenden Störungen verständlich zu erklären. Auch das therapeutische Vorgehen wird transparent dargestellt, was beim Gegenüber die Akzeptanz der Therapie erhöht und die Rückfallprophylaxe verbessert.

"Hilfe zur Selbsthilfe"
über das eigentliche Therapieziel hinaus sollen beim Patienten die generellen Fähigkeiten zur Problemanalyse und - lösung verbessert werden.
Das Selbsthilfepotential soll erhöht werden

2.4 Diagnostik in der VT

Sie wird in drei Komplexe unterteilt:
- Frage nach dem Symptom
- Frage nach der Entwicklung und den Lebensgewohnheiten
- Entscheidung, mit welchem Problembereich angefangen wird

2.4.1 Verhaltensformel

S O R C K

S = Stimulus
O = Organismusvariable
R = Reaktion
C = Consequenz (unmittelbare Folge des Verhaltens)
K = Kontingenz (Häufigkeit des Verhaltens)

2.4.2 Verhaltensanalyse

Aus dem Symptom ergibt sich die Therapie. In der Schulmedizin und Psychiatrie ist eine Krankheit der Urheber des Symptoms. Ist die Krankheit bekannt, wird eine Diagnose gestellt, aus der sich die Therapie entwickelt.
Die Ursache und die aufrechterhaltenden Bedingungen werden erarbeitet.
+ historisch - genetische Bedingungen
+ die Bedingungen, die das Problem aufrechterhalten
- Das IST und SOLL wird abgeklärt, wobei das SOLL das Therapieziel darstellt. Beim Ist werden die:

+ psychischen Barrieren
+ körperliche Barrieren und
+ Kapazitätsgrenzen (Sonderschüler oder Professor)
abgeklärt, die das erreichen des Therapiezieles verhindern.

Aufdecken von verstärkenden, diskriminierenden und auslösenden Stimuli:

+ Analyse der Rahmenbedingungen mit Lebensumständen und dem Körperlichen
+ Verhaltensanalyse
bei der Auslöser und Verstärker gesucht werden
+ Kognitionsanalyse
alle Vorstellungen und Gefühle werden aufgezählt
+ Motivationsanalyse
ermitteln aller Konsequenzen, die der Klient auf sein Verhalten erfährt, wie Liebe, Zuwendung, Strafe, Belohnung
+ Beziehungsanalyse
beschreiben des sozialen Lebensraumes

Aus den oben genannten 5 Punkten (Variablen) ergibt sich
" Tritt das Symptom auch auf, wenn ... ?"
" Tritt das Symptom nicht auf, wenn ... ?"

2.4.3 Informationsgewinnung

- Verhaltensbeobachtung
- Verhaltenstests
- Anwendung von Verhaltenschecklisten
- gemeinsames Aufsuchen von kritischen Situationen oder alternativ Rollenspiele durchführen.
- Selbstbeobachtung (und – hilfe)

+ Tagebuch + das Interview oder Exploration
+ Tagebuchlisten + Selfreports anhand von Fragebögen
Der Patient ist in allen Phasen ein sehr aktiver Part.

2.4.4 Phasen der Verhaltenstherapie

- Rollenstrukturierung

+ die Rollen vom Therapeuten und Patienten werden festgelegt

+ Beginn der therapeutischen Gemeinschaft
- Verpflichtung zur Konsequenz
+ der Patient muss sich zur Konsequenz verpflichten
+ feststellen der Motivation und es wird vereinbart, was verändert wird
- Verhaltensanalyse
- Vereinbaren der Behandlungsinhalte. Berücksichtigt werden die Mitverantwortung und Ziele des Patienten
- Durchführen der Behandlung, wobei die Motivation und deren Steigerung zu beachten ist.
- Registrierung und Auswertung des Therapiefortschrittes. Es werden neue und weitere Therapieziele und -inhalte festgelegt.
- Generalisierung und Beendigung der Therapie.

2.4.5 Methoden der VT

2.4.5.1Konfrontationsverfahren

2.4.5.1.1 Systematische Desensibilisierung (nach WOLPE)

Wolpe befand, dass verschiedenartiges, problembehaftetes Vermeidungsverhalten als Weg zur Angstbewältigung gelernt wurde. Er stellte fest, dass es physische und psychische Zustände gibt, die antagonistisch zu Angst verlaufen, wie zum Beispiel das Nichtauftreten von Angst in Entspannung.
Er setzte Entspannung als Technik der Gegenkondition zur Angst ein. Er koppelte die angstauslösenden Situationen mit Entspannung. Der Patient durchbricht die Verbindung zwischen Reizen und der darauffolgenden Angst durch lebhaftes Vorstellen furchtbesetzter Szenen oder Objekte.

Phasen der systematischen Desensibilisierung:

Entspannungstraining
Aufstellen einer Angsthierarchie
Darbietung und Aufklärung des Patienten
beginnend mit der niedrigsten Hierarchiestufe bis zum schwersten Reiz werden etwa 20 Sekunden Bilder erzeugt, die mit Angst besetzt sind. Dieser Vorgang wird mit Entspannung

gekoppelt. Vorher wird ein Fingerzeig oder Handzeichen vereinbart, der einen gewünschten Abbruch anzeigt. Die Sitzung sollte mit einer angstfreien Situation enden.

Abwandlung in Vivo (ins Leben) durch schrittweise Annäherung an die Angst, um dadurch eine Sensibilisierung zu erreichen.

2.4.5.1.2 Expositionstraining

Es setzt am Vermeidungsverhalten an. Der Patient wird ohne gekoppelte Entspannung direkt mit der angstauslösenden Situation konfrontiert. Ziel ist nicht die Vermeidung, sondern das am eigenen Leib erfahren. Er soll feststellen, dass keine negativen Folgen auftreten und so die Angst schwindet.

Die In-Vivo-Konfrontation kann

graduell (Habituationsverfahren)
Der Patient lernt schrittweise die Annäherung an den angstauslösenden Reiz

nicht graduell (flooding) sein.

Phasen des Expositionstrainings

Dem Patienten wird ein Erklärungsmodell vermittelt. Grundlage ist die Zwei-Faktoren-Theorie (negative Verstärkung des Vermeidungsverhaltens durch Angstreduktion, die erweitert wird durch die Sicherheitssignalhypothese, die besagt, dass Angst schwindet, wenn Sicherheitssignale vorhanden sind.)

Ableitung des auf den Patienten und seine Störung zugeschnittene konfrontative Vorgehen.

Planung der Konfrontation und des zeitlichen Ablaufs zusammen mit dem Patienten genau und detailliert

Der Patient begibt sich nun in die angstauslösende Situation. Dieser setzt er sich so lange aus, bis eine Angstreduktion einsetzt. Der Patient soll nicht versuchen, die Angst zu mindern oder sich abzulenken.

Möglichst bald sollten die Gabe von Sicherheitssignalen gemindert werden, um eine Stabilisierung und Generalisierung zu erreichen.
Dem Therapeuten fällt dabei insbesondere die Aufgabe zu, den Patienten zu den Konfrontationsübungen zu ermuntern. Ein bestimmtes Maß der Angstminderung sollte nicht verstärkt werden.
Eine Sitzung dauert 100 - 120 Minuten. Anzustreben ist eine Konfrontation an mehreren aufeinander folgenden Tagen.

2.4.5.1.3 Implosionstherapie
(Implosion = Angstüberflutung)
Expositionsbehandlung (lat. exponere = aussetzen) in der Verhaltenstherapie
Es handelt sich um eine Therapieform zum Abbau von unrealistischen Ängsten. Es werden in der Vorstellung des Patienten furchterregende Situationen geschaffen, die so stark sind, dass Furchtgefühle abgebaut werden.

Ziel:
der Patient soll erkennen, dass der Kontakt mit dem Reiz nicht die erwartete Wirkung hat.

Weg:
Der Therapeut beschreibt eine extrem angstauslösende Situation, die sich auf die Angst des Patienten bezieht.
Der Patient soll sich vorstellen, dass er in der Situation ist und soll so intensiv wie möglich empfinden.
Eine Explosion der Panik wird verursacht, da sie aber innerlich abläuft, wird dieser Vorgang Implosion genannt.

Kontraindikation: Psychosen
Herz-Kreislauf-Erkrankungen
unzureichende Motivation des Patienten

2.4.5.1.4 Graduierte Löschung

Dies ist ein sehr langwieriges Verfahren, da ein Übergang in das nächste Item nur dann erfolgt, wenn das Vorhergehende gelöscht wurde. Es wird kein Entspannungsverfahren eingesetzt.

2.4.5.2 Operande Methoden der VT

+ Bestrafung

bestrafen von Verhalten, wobei das alternative Verhaltensspektrum verstärkt werden muss.

+ Löschen

der positiven Verstärker wird entfernt. Dies kann als Beispiel durch Nichtbeachten des Verhaltens geschehen.
Bei beiden Methoden ist zu beachten, dass die bemängelten Verhaltensweisen sogar zunächst zunehmen können.

2.4.5.2.1 Respons-cost

(Response= Bez. für ein durch bestimmte Reize bewirktes Verhalten)
Das spontane Verhalten wird an einer +/- Rechnung ausgerichtet. "Positives" und spontanes Verhalten wird belohnt (z.B. durch Token=Punkte, Münzen, Chips). Bei "negativem" Verhalten wird die Belohnung entzogen.
Es müssen klare Regeln für den Eintausch festgelegt werden (Token-economics). Die Token werden dann eingelöst gegen andere positive Verstärker, wie Kinobesuch, Tag dienstfrei o.ä..

2.4.5.2.2 Time-out

zu rügendes Verhalten wird durch ein wortloses "Verdammen" für etwa 15 Minuten geahndet.

2.4.5.2.3 Sättigung und Beschränkung

z.B. Verhaltensänderung durch ein Übermaß (z.B. Rauchen lassen, bis die Lunge „qualmt“).

2.4.5.2.4 Kontingenzverstärker (Kontingenzmanagement)
Kontingenz ist der Zusammenhang, das gemeinsame Auftreten zweier qualitativer Merkmale.
Auf gewünschte Verhaltensweisen wird mit verstärkenden Reizen reagiert. Die Verstärkung liegt darin, dass der Mensch genau weiß, auf welches Verhalten eine für sich positive Handlung folgt (Wenn du dieses getan hast, dann darfst du dies und jenes). „Expressiv verbis" werden in diesem Verfahren klare Absprachen getroffen, welches „Tun" was nach sich zieht.
Es werden Mediatoren eingesetzt. Der Therapeut übernimmt die Rolle des Supervisors.

2.4.5.3 andere Therapieverfahren

2.4.5.3.1. Aversionsverfahren
z.B die Gabe von Medikamenten, die bei Alkoholverzehr bewirken, dass dem Konsumenten schlecht wird. Nägelkauen wird verhindert durch Einreiben der Fingerspitzen mit übelschmeckenden Stoffen. Stromstoss bei Aggressionen uvm ...

2.4.5.3.2 Modelllernen (Imitationslernen)
Es werden nach BANDURRA unerwünschte Reaktionen beseitigt und neue Reaktionen ausgelöst. Der Patient beobachtet z.B. im Film oder live das Verhalten von anderen Personen oder Vorbildern, die angstfrei in problembehafteten Situationen und Szenen agieren. Der Patient erreicht durch die Orientierung am Guten eine Besserung.

2.4.5.3.3 Selbstsicherheitstraining
Es handelt sich um einen umfassenden Begriff für therapeutische Maßnahmen, die im Umgang mit Menschen störenden Ängste und Hemmungen zu beseitigen suchen

2.4.5.3.4 Gruppenpsychotherapie
Die Therapie macht sich die in einer Gruppe vorhandene Dynamik zur Heilung nutzbar. 8-10 Personen bilden eine Gruppe. Sie stellen die Norm dar. Ein Mitglied weicht von der Norm ab, nicht die Gruppe. Die Gruppe stellt das Modell einer sozialen Situation dar. Der

Therapeut bleibt im Hintergrund. Er ermutigt, klärt ab und deutet gelegentlich durch kurze Interventionen.
Die Patienten haben emotionale Beziehungen zueinander. Sie können auch Affekte zur Projektion bringen. Dies verbindende Verständnis und die Anteilnahme entlasteen den Einzelnen.
Sie wird eingesetzt bei leichten oder weitgehend zurückgeführten Störungen.
Sie kann soziale Erfahrungen vermitteln und so neue Formen der Interaktion anbieten.

2.4.5.3.5 Gruppentherapie

- Soziotherapie

Es ist eine Therapieform, die sich mit körperlichen und seelisch geistigen und sozialen Aspekten des Gesundheitsbegriffes beschäftigt. Sie umfasst therapeutische Maßnahmen, die sich um die Verbesserung zwischenmenschlicher Beziehungen und der Umgebung psychisch Kranker bemüht.

- Psychohygiene

Sie macht es sich zur Aufgabe die seelische und geistige Gesundheit zu erhalten und zu fördern. Sie soll in erster Linie die Ursachen seelischer Krankheiten feststellen um so möglichst frühzeitig eine seelische Störung zu erfassen. Damit können dann schlimmere Sekundärstörungen vorgebeugt werden.

PSYCHOPHARMAKA

Grundsätzliche Überlegungen: Psychopharmaka sind Arzneimittel die seelische Abläufe symptomatisch beeinflussen; sie stellen keine Kausaltherapie dar, ihre Anwendung ist aber vielfach Voraussetzung, um überhaupt eine Psychotherapie durchführen zu können. Psychopharmaka werden unterteilt in die Gruppen der Anxiolytika/Tranquillanzien, Antidepressiva, Antipsychotika (Neuroleptika) und Psychostimulanzien (kein wesentlicher therapeutischer Einsatz). 1998 wurden in Deutschland für 1,764 Mrd. DM 40 Millionen Packungen an GKV-Patientinnen und Patienten verschrieben.

ANXIOLYTIKA/TRANQUILLANZIEN

Da fast alle Anxiolytika chemisch zur Gruppe der Benzodiazepine gehören, werden die beiden Begriffe oft synonym verwendet. Es gibt aber auch Anxiolytika, die keine Benzodiazepine sind; einige Anxiolytika ohne Benzodiazepinstruktur weisen klinisch ein von den Benzodiazepinen abweichendes Wirkprofil auf.

Molekulare Wirkungen: Benzodiazepine binden an die α-Untereinheit des $GABA_A$-Rezeptors. Dies bewirkt eine allosterische Modulation des Rezeptors, die in einer erhöhten Affinität für GABA resultiert. Dies bedingt einen verstärkten Cl^- Einstrom, der zur Hyperpolarisation der Zelle und damit zur neuronalen Hemmung führt. Vergleich mit Barbituraten: Diese wirken ebenfalls allosterisch auf den $GABA_A$-Rezeptor, verlängern aber nicht die Öffnungswahrscheinlichkeit des Kanals sondern seine Öffnungszeit

Klinische Wirkungen: In niedriger Dosierung bewirken Benzodiazepine eine Anxiolyse (Lösung von Angst und Spannungszuständen) durch eine bevorzugte Wirkung auf die Formatio reticularis und das limbische System. Dies bewirkt eine Entkoppelung von psychischen Veränderungen und vegetativen Reaktionen. Teilweise besteht eine anterograde Amnesie. Relativ zu den eigentlichen Sedativa und Hypnotika wirken sie in anxiolytischer Dosierung relativ wenig sedierend. In höherer Dosierung wirken sie aber auch sedierend, hypnotisch, antikonvulsiv und zentral muskelrelaxierend. In anxiolytischer Dosierung treten diese Wirkungen vornehmlich als UAW in Erscheinung. Anxiolytika haben keine antipsychotische Wirkung.

Pharmakokinetik: Benzodiazepine werden hepatisch metabolisiert (teilweise mehrschrittig), wobei oft aktive Metabolite entstehen. Die einzelnen Benzodiazepine unterscheiden sich vorwiegend in ihrer Pharmakokinetik (Wirkdauer). Die Wirkdauer wird dabei bestimmt durch die HWZ der Muttersubstanz sowie aller aktiven Metaboliten. Die HWZ der Benzodiazepine nimmt mit dem Alter zu, was teilweise auf einen verlangsamten Metabolismus in der Leber und teilweise auf ein erhöhtes Verteilungsvolumen zurückzuführen ist. Nach ihrer Pharmakokinetik lassen sich die Benzodiazepine unterteilen in a) inaktive Substanzen, die zu Wirkformen metabolisiert werden, b) aktive Substanzen mit aktiven Metaboliten und c) aktive Substanzen mit inaktiven Metaboliten und/oder schnellem Metabolismus. Aus der unterschiedlichen Pharmakokinetik der leiten sich unterschiedliche Indikationen für die Einzelsubstanzen ab.

Indikationen: Nicht-psychotische Angstzustände (können auch somatisch manifestieren, DD: sekundär zu organischen Leiden), Schlafstörungen (v.a. wenn auf Grund von Angst und Spannungszuständen), psychovegetative Entkoppelung bei psychosomatischen Erkrankungen, Anxiolyse in Notfallmedizin (z.B. bei akutem Herzinfarkt), OP-Prämediaktion und Narkoseeinleitung, Epilepsien insbesondere Status epilepticus aber auch akute Entzugssyndrome.
Inaktive Substanzen, die zu Wirkformen metabolisiert werden: Leitsubstanz Chlordiazepoxd. Schlecht geeignet für akute Gabe (Schlafinduktion, akute Anxiolyse), aber wegen gleichmässiger Wirkspiegel gut geeignet für Dauertherapie (chronische Anxiolyse).
Aktive Substanzen mit aktiven Metaboliten: Leitsubstanzen Diazepam und Flunitrazepam. Schneller Wirkeintritt. Langsam eliminierte Metabolite bestimmen bei chronischer Anwendung das Wirkbild. Gut geeignet für Narkoseprämedikation oder akute Erregungsdämpfung aber Kumulationsgefahr. Flunitrazepam hat relativ hohes Suchtpotenzial.
Aktive Substanzen mit inaktiven Metaboliten und/oder schnellem Metabolismus: Ausgangssubstanz bestimmt Wirkdauer, geringe Kumulationsgefahr. Oxazepam und Bromazepam werden langsam resorbiert und sind gut geeignet zur Anxiolyse. Triazolam und Brotizolam haben schnellen Wirkeintritt und begrenzte Wirkdauer und sind damit gut geeignet zur Schlafinduktion. Clonazepam hat lange Wirkdauer und ist besonders als Antiepileptikum geeignet. Midazolam hat schnellen Wirkeintritt und verursacht eine ausgeprägte anterograde Amnesie; es wird i.v. zur Narkoseeinleitung verabreicht.
UAW: Eingeschränkte geistige Funktion, Gleichgültigkeit und beeinträchtigtes Reaktionsvermögen (Sedation, Tagesmüdigkeit), anterograde Amnesie, zentrale Muskelrelaxation, bei hohen Dosen Ataxie u.a. neurologische Symptome. Bei chronischem Gebrauch Arzneimittelabhängigkeit und Toleranzentwicklung. Die sedierenden Wirkungen sind überadditiv mit anderen zentral dämpfenden Pharmaka (insbesondere Alkohol!). Benzodiazepin sind im Vergleich zu anderen

Sedativa und Hypnotika sehr sicher bei akuter Intoxikation aber auch hier besteht Wirkverstärkung durch andere ZNS-dämpfende Stoffe.
Benzodiazepinwirkungen bei speziellen Patientengruppen: Bei Gabe vor und während der Geburt resultiert das AFloppy-infant-Syndrom@ (Muskelrelaxation beim Neugeborenen). Paradoxe Erregungs- und Verwirrtheitszustände (inkl. Halluzinationen), v.a. bei alten Menschen mit Zerebralsklerose. Bei depressiv bedingten Schlafstörungen kann Depression verstärkt werden. Gewohnheitsbildung und Entzugserscheinungen bei Absetzen möglich v.a. bei kurz wirksamen Benzodiazepinen. Missbrauch häufig, oft ärztlicherseits mitverschuldet/toleriert.
Kontraindikationen der Benzodiazepine: Intoxikation mit anderen Suchtstoffen aus der Sedativagruppe (v.a. Alkohol). Vorsicht bei Abhängigkeit von Suchstoffen der Sedativagruppe. Myasthenia gravis. Schwere obstruktive Ventilationsstörungen. Leber- und Nierenschäden.
Antidot bei Anxiolytikaintoxikation: Flumazenil bindet an Benzodiazepinbindungsstelle. Es hat keine wesentliche intrinsische Aktivität und verdrängt die Benzodiazepine. Einsatz bei Floppy-infant-Syndrom, Narkoseausleitung oder sonstiger Benzodiazepin-Intoxikation. Wegen kurzer HWZ ist evt. eine mehrmalige Gabe erforderlich.
Buspiron: Anxiolytisch wirksam, aber Wirkeintritt erst nach mehreren Tagen. Mechanismus ist unklar, Buspiron hat keine Benzodiazepinstruktur und wirkt nicht auf deren Bindungsstelle. Wenig ernsthafte UAW, insbesondere keine sedierende, antikonvulsive oder zentral muskelrelaxierende Wirkung. Wegen starkem First-pass-Metabolismus und kurzer HWZ ist eine mehrfach tägliche Gabe erforderlich, die die praktische Anwendung erschwert.

ANTIDEPRESSIVA

Antidepressiva sind Arzneimittel, die bei Depressionen unterschiedlicher Genese die Stimmungslage heben. Diese antidepressive Wirkung tritt nur bei psychisch Kranken auf und hat eine Latenz von mehreren Wochen. Zusatzwirkungen von Antidepressiva (allgemeine Dämpfung aber auch vegetative UAW) treten akut auf und sowohl bei Kranken wie auch bei Gesunden.

Molekulare Wirkungen: Alle Antidepressiva hemmen akut die rasche Inaktivierung von Amintransmittern (Serotonin, Noradrenalin und/oder Dopamin), entweder durch Hemmung der neuronalen Wiederaufnahme (Uptake-Blocker) oder Hemmung des Abbaus durch Monoaminoxidase (MAO-Hemmer). Der Zusammenhang zwischen akuter biochemischer Wirkung und später (nach Wochen) eintretender klinischer Wirkung wird nur unzureichend verstanden. Eventuell ist an der klinischen Wirkungen eine Reduktion der Rezeptoranzahl im synaptischen Spalt (Down-regulation) beteiligt. Viele Antidepressiva sind zusätzlich Antagonisten an autonomen Rezeptoren (Muskarinrezeptoren, α_1-Adrenozeptoren, H_1-Histaminrezeptoren); dies trägt wahrscheinlich nicht zur antidpressiven Wirkung sondern eher zu den UAW bei.

Klinische Wirkungen : Stimmungsaufhellend, angstlösend, antriebssteigernd (viele aber nicht alle Substanzen). Die Antriebssteigerung erfolgt früher als Stimmungsaufhellung (erhöhte Suizidgefahr in dieser Phase!). Keine Toleranz, keine Stimmungsveränderungen beim Gesunden, d.h. kein Suchtpotenzial.

Einteilung der Antidepressiva: Antidepressiva können nach verschiedenen Kriterien eingeteilt werden; dazu gehören die chemische Struktur (z.B. trizyklisch, tetrazyklisch), der primäre Angriffsort (Noradrenalin-Reuptake-Inhibitoren, selektive Serotonin-Reuptake-Inhibitoren, Serotonin-Noradreanlin-Reuptake-Inhibitoren, MAO-Hemmer), nach zusätzlichen Eigenschaften (selektive vs. nicht-selektive Hemmstoffe, d.h. solche mit zusätzlicher Wirkung z.B. auf Transmitterrezeptoren) sowie nach klinischem Profil (vorwiegend

antriebssteigernd, stimmungsaufhellend und/oder antriebsdämpfend). Die Vielfalt der Einteilungsmöglichkeiten zeigt, dass keine davon letztlich befriedigend ist; für sinnvolle Therapie ist genaue Kenntnis der spezifischen Eigenschaften des verwendeten Medikamentes unerlässlich. Die längste Erfahrung besteht mit den trizyklischen Antidepressiva (Imipramin u.v.a.). Tetrazyklische Antidepressiva sind chemisch verschieden aber wirken klinisch meist ähnlich (Ausnahme ist Mianserin, das nur ein schwacher Utapke-Blocker aber ein guter α_2-Adrenozeptorantagonist ist). Selektive Serotonin-Wiederaufnahme-Hemmer (SSRI) haben weniger autonome UAW aber können dafür Übelkeit, Appetitlosigkeit, Schlafstörungen und aggressives Verhalten bewirken; sie dürfen wegen der Gefahr eines Serotonin-Syndroms nicht mit MAO-Hemmern kombiniert werden (Prototyp ist Fluoxetin). MAO-Hemmer haben anderen Angriffspunkt und distinktes klinisches Profil. Die chemische Einteilung hat geringen klinischen Wert. Die klinische Einteilung umfasst: Amitriptylin-Typ (psychomotorisch dämpfend; Amitriptylin, Doxepin, Trimipramin, Maprotilin, Mianserin), Desipramin-Typ (psychomotorisch aktivierend; hierzu gehören Desipramin und Nortriptylin sowie alle SSRI [z.B. Fluoxetin und Fluvoxamin] und die MAO-Hemmer), Imipramin-Typ (vorwiegend stimmungsaufhellend; Imipramin, Clomipramin). Das Vorhandensein von anticholinergen und/oder sonstigen autonomen Wirkungen ist nicht an einen klinischen Wirktyp gekoppelt sondern an die spezifische chemische Struktur von Einzelsubstanzen.
Pharmakokinetik: Gute Resorption, lipophil mit hohem Verteilungsvolumen, hepatische Metabolisierung mit großen interindividuellen Unterschieden, teilweise First-pass-Effekt, teilweise langlebige (aktive) Metaboliten. Individuelle Dosis-Anpassung ist oft erforderlich.
UAW: Die quantitative Ausprägung ist substanzspezifisch. UAW können sofort auftreten, d.h. vor dem antidepressiven Effekt. Viele autonome UAW verlieren bei fortgesetzter Therapie an Bedeutung. Autonome UAW sind bei den neuen SSRI von geringerer Bedeutung. Anticholinerge Wirkung sind Mundrockenheit, Obstipation, Harnverhaltung, Akkomodationsstörung und Tachykardie. α-Antagonistische

Wirkungen sind Hypotonie und Müdigkeit. Weitere UAW sind Leukopenie, Chinidin-artige Verlangsamung der kardialer Reizleitung, delirante Zustände bei alten Patienten und erhöhte Fehlgeburtsrate.
Indikationen: Endogene Depression, reaktive Depression und Phobien; Antidepressiva können auch als adjuvante Medikation in der Schmerztherapie eingesetzt werden. Imipramin-Einsatz bei Enuresis ist umstritten. Antidepressiva werden oft ohne klare Indikation verschrieben.
MAO-Hemmer: Antriebssteigerung steht im Vordergrund der klinischen Wirkung. Tranylcypromin hemmt irreversibel MAO-A und MAO-B; Vorsicht bei Tyramin-haltigen Speisen. Moclobemid hemmt reversibel selektiv die MAO-A, was den Gehalt an Noradrenalin und Serotonin steigert. Die Kombination von MAO-Hemmern und Uptake-Blockern (insbesondere SSRI) ist kontraindiziert.
Johanniskraut: Der antidepressiv wirkende Inhaltsstoff in Johanniskraut-Extrakten (englisch: St. John=s Wort) ist unklar, aber die Extrakte werden auf ihren Hypericin-Gehalt standardisiert. Bei mittelschwerer Depression waren hohe Dosen von Johanniskrautextrakt in Doppelblindstudien wirksamer als Placebo und ebenso wirksam wie Imipramin (z.B. Br. Med. J. 319: 1534-1538, 1999). Johanniskraut-Extrakte sind gut verträglich, aber ein starker Induktor von P450-Induktor und von P-Glykoprotein (Hypericin-vermittelt?), was zu schwerwiegenden Arzneimittelinteraktionen führen kann.

LITHIUM

Klinische Wirkung: Dämpfung akuter manischer Phasen (nach 6-10 Tagen), Prophylaxe rezidivierender manisch-depressiver Phasen (nach 6-12 Monaten) sowie Wirkverstärkung von Uptake-Blockern in antidepressiver Therapie. Keine psychotrope Wirkung beim Gesunden, kein Effekt auf schizophrene Krankheitsbilder.
Molekulare Wirkungen: Lithium dringt wie Na^+ schnell in Zelle ein (Kanal), wird aber langsamer heraus transportiert. Es greift in den Inositolphosphat-Stoffwechsel und die G-Protein-abhängige Adeny-

lylzyklaseregulation ein. Der Zusammenhang zwischen molekularer und klinischer Wirkung bleibt unklar.

UAW: Lithium hat eine eringe therapeutische Breite. Folgende leichte UAW treten zu Therapiebeginn auf (Behandlung kann fortgesetzt werden): Propranolol-sensitiver feinschlägiger Tremor, gastrointestinale Störungen, Polyurie, Durst, Müdigkeit, leichte Muskelschwäche, Leukozytose, transiente EKG-Veränderungen. Unter chronischer Behandlung bestehen Polyurie und Durst fort; ausserdem kommt es zu Gewichtszunahme, euthyreoter Struma bei 10% der Patienten (die Athyreostatische@ Lithiumwirkung kann bei thyreotoxischer Krise therapeutisch genutzt werden), nephrogenem Diabetes insipidus durch Hemmung der ADH-Wirkung im Sammelrohr. Eine sedierende Wirkung besteht nicht, aber bei manisch bedingter Isomnia wird das Schlafvermögen gebessert. Bei akuter Lithiumvergiftung kommt es zu einer Verstärkung der obigen UAW; ausserdem treten auf grobschlägiger Tremor, Durchfälle, Krampfanfälle mit EEG-Veränderungen, Ataxie, Rigor und Hypothyreose. Die Behandlung erfolgt durch forcierte Diurese oder, wenn das nicht möglich ist, durch Hämodialyse in Kombination mit symptomatischen Massnahmen, insbesondere einem Ausgleich von Natrium- und Kaliumverlusten. Eine Lithiumbehandlung soll nur durch Spezialisten unter regelmässiger Kontrolle der Plasmaspiegel erfolgen.

Pharmakokinetik: Gute Bioverfügbarkeit. Die Nierenfunktion beeinflusst die Wirkspiegel, cave: Dehydration, Natriummangel, Diuretikabehandlung. Gleichgewicht zwischen Kompartimenten erst nach 1 Woche.

ANTIPSYCHOTIKA

Im deutschsprachigen Raum werden Antipsychotika auch oft als Neuroleptika bezeichnet, aber nicht alle Antipsychotika sind Neuroleptika im engeren Sinn; diese werden dann auch oft als Aatypische@ Neuroleptika bezeichnet (Antipsychotika, die kein neuroleptisches Syndrom hervorrufen).

Schizophrenie: Endogene (funktionelle) Psychose, Kombination aus episodisch auftretender akuter Psychose und chronischem Störungsmuster mit persistierenden psychotischen Symptomen. Verschiedene Formen existieren, Definition nach ICD-10. Zu den Symptomen gehren Wahnvorstellungen (oft bizarren Inhalts), Halluzinationen (oft akustisch), inkohärentes und unlogisches Denken sowie eine inadäquate Affektivität; schizophrene Schübe können teils gewalttätig, teils kataton sein. Schizophrene Symptome werden unterteilt in Positivsymtpome (Plus-Symptome) wie Störungen von inhaltlichem und formalem Denken, Ichfunktionen und Wahrnehmung und Negativsymptome (Minus-Symptome) wie Störungen von Intentionalität und Antrieb, Affektivität und Psychomotorik. Störungen von Konzentration und Aufmerksamkeit werden uneinheitlich den Positiv- und Negativsymptomen zugeordnet. Die antipsychotische Wirkung besteht in einer günstigen Beeinflussung der inhaltlichen Denkstörung (Wahn, Halluzination, Illusion). Sie entwickelt sich erst im Laufe von Wochen vollständig und tritt nur bei Psychotikern auf. Auch beim Gesunden nachweisbar sind akute nicht antipsychotische Wirkungen wie psychomotorische Verlangsamung, emotionale Beruhigung, affektive Indifferenz, Distanzierung zur Umwelt, Gleichgültigkeit und Abnahme der Vigilanz.
MolekulareWirkungen: Klassische Neuroleptika sind Antagonisten an Dopaminrezeptoren vom D_2-Subtyp. Einige Antipsychotika wirken vornehmlich auf andere Subtypen der Dopaminrezeptoren oder auf Subtypen der Serotoninrezeptoren (5-HT_2-Subtyp). Viele Antipsychotika haben im antipsychotischen Dosisbereich auch Wirkungen auf andere Rezeptoren wie z.B. α_1-Adrenozeptoren, Muskarinrezeptoren oder Histaminrezeptoren.
Einteilung der Antipsychotika: Eine chemische Einteilung erfolgt in Phenothiazine (historischer Prototyp war Chlorpromazin), Butyrophenone (Prototyp Haloperidol) und Dibenzazepine (Prototyp Clozapin). Die chemische Einteilung hat aber nur begrenzten Wert für die klinische Differenzierung. Die klinische Einteilung erfolgt in folgende Gruppen: `HochpotenteA Neuroleptika haben hohe Affinität und Selektivität für $D_2$-Dopamin- vs. Histamin-, $\alpha_1$- und Muskarinrezeptoren. `NiederpotenteA Neuroleptika haben niedrige Affinität für D_2-Dopaminrezeptoren und geringe Selektivität gegenüber Histamin-,

α_1- und/oder Muskarinrezeptoren. Bei `atypischenA Neuroleptika steht D_2-Antagonismus nicht im Vordergrund der Wirkung; klinisch haben sie geringere extrapyramidale Wirkungen und können bzgl. der antipsychotischen Wirkung sowohl hoch- als auch niederpotent sein.
Klinische Wirkungen: Der antipsychotische Effekt besteht aus einer Reduktion von Halluzinationen, Wahn und anderen Positivsymptomen. Negativsymptome werden durch klassische Neuroleptika nur schlecht behandelt, evt. sogar verstärkt. Hinzu kommen Verminderung von innerer Unruhe und Angst; Sedierung und Antiemesis. Eine Suchtpotenz existiert nicht.
UAW: Über einen Dopaminantagonismus erfolgen extrapyramidalmotorische Störungen (nach Stunden-Tagen: Zungen-Schlund-Syndrom, Blickkrämpfe, Dyskinesien der Hals- und Nackenmusulatur; nach Wochen-Monaten: Parkinson-Syndrom, Akathisie; nach längerer Behandlung: Spätdyskinesien, teilweise irreversibel, teilweise symptomatisch durch Anticholinergika zu behandeln z.B. mit Biperiden) und Hyperprolaktinämie (Ovulationshemmung, Galaktorrhö, Amenorrhö). Das maligne Neuroleptika-Syndrom ist charakterisiert durch Hyperthermie und generalisierten Rigor. Es ist selten, aber die Mortalität beträgt 20%. Die Auftretenswahrscheinlichkeit ist unabhängig von Therapiedauer. Die Therapie besteht in sofortigem Absetzen des Neuroleptikums, Gabe von zentral wirksamen Dopaminagonisten, Gabe von Dantrolen und intensivmedizinischer symptomatischer Therapie. Viele Antipsychotika haben α-Adrenozeptor-vermittelte UAW wie Blutdrucksenkung, Trockenheit der Nasenschleimhaut und Ejakulationsstörungen. Viele UAW werden durch Muskarinrezeptorantagonismus vermittelt wie Mundtrockenheit, Akkomodiationsstörungen, Obstipation und Miktionsstörungen. Weitere UAW sind Reaktionen der Haut (Hautpigmentierungen, allergische Reaktionen), Leberfunktionsstörungen (Transaminasenanstieg, selten Ikterus), Blutbildveränderungen (toxisch-allergische Reaktionen wie Leukopenie und Agranulozytose), Gewichtszunahme (bis zu 10% des Körpergewichts!) und Senkung der Krampfschwelle.
Substanzen: Hochpotente Neuroleptika haben besonders stark ausgeprägte extrapyramidal-motorische UAW, aber wirken nur wenig sedierend; sie werden v.a. bei akuten Schizophrenien eingesetzt. Niederpotente Neuroleptika hingegen haben nur submaximal antipsycho-

tische Wirkungen, dafür aber weniger extrapyramidal-motorische UAW und mehr Sedierung sowie mehr autonome UAW; sie werden oft in der Erhaltungstherapie und der Rezidivprophylaxe eingesetzt, teilweise auch zur psychovegetativen Entkoppelung, aber wegen starker UAW nur wenn besser verträgliche Arzneimittelgruppen hierfür nicht erfolgreich waren. Die Phenothiazine wurden ursprünglich repräsentiert durch Chlorpromazin, das aber nicht mehr im Handel ist; sie enthalten sowohl niederpotente (Levomepromazin, Perazin, Thioridazin, Chlorprothixen) als auch hochpotente Wirkstoffe (Trifluoperazin, Fluphenazin). Alle Butyrophenone (Prototypen sind Haloperidol und Benperidol) sind hochpotente Neuroleptika, die teilweise auch als Depotpräparate verfügbar sind. Sie sind auch wirksam bei zerebralsklerotischen Erregungszuständen, aber ihre unkritische Anwendung zur Beruhigung problematischer Patienten im Nachtdienst, v.a. bei ärztlich nicht überwachter Abgabe durch das Pflegepersonal, ist abzulehnen. Atypische Neuroleptika können hochpotent (Risperidon, Olanzepin) oder niederpotent sein (Clozapin). Sie weisen weniger extrapyramidal-motorische UAW auf und haben eine bessere Wirkung auf Negativsymptome. Ihr Einsatz ist in Deutschland wegen hoher Kosten geringer als es ihrer medizinischen Bedeutung entspricht. Eine Sonderstellung nimmt Clozapin ein, weil es oft auch bei Patienten wirkt, die auf andere Antipsychotika nur unzureichend ansprechen, und weil es unter allen Antipsychotika die beste Wirkung auf Negativsymptome hat. Der Einsatz wird begrenzt durch das relativ häufige (1-2%) Auftreten von Agranulozytosen. Deshalb ist es nur zur Second-line-Behandlung indiziert, wenn mit anderen Stoffen Therapieversagen oder zu starke extrapyramidal-motorische Wirkungen auftreten. Die Verschreibung kann nur durch dafür registrierte Ärzte unter regelmässiger Blutbildkontrolle erfolgen.
Pharmakokinetik: Gute Resorption, komplexe hepatische Metabolisierung, teilweise mit aktiven Metaboliten. Grosse Detailunterschiede zwischen den Substanzen. Einige Substanzen sind als Depotformulierungen verfügbar.
(Relative) Kontraindikationen: (je nach Substanzgruppe mit unterschiedlicher Gewichtung) akute Intoxikation mit zentral wirksamen Substanzen, hirnorganische Erkrankungen, Epilepsie, anamnestisch: malignes neuroleptisches Syndrom, EPS-Schädigungen und prolakti-

nabhängige Tumoren (Dopaminantagonismus); bei anticholinerger Komponente Engwinkelglaukom, Pylorusstenose und Prostatahyperplasie; bei α-adrenolytischer Komponente schwere Hypotonie; kardiale Vorschäden; Leber- und Nierenschäden; Leukopenie. Therapie der Schizophrenie: Antipsychotische Therapie, besonders die Ersteinstellung, gehört in fachärztliche Hand. Substanzauswahl in Abstimmung mit Zielsymptom (bei vorwiegender Negativsymptomatik höhere Priorität für atypische Präparate). Akutbehandlung meist mit hochpotenten Präparaten, teilweise adjuvante Therapie (z.B. Benzodiazepine). Niedrigdosierte Erhaltungstherapie (Depotpräparate möglich, insbesondere bei Complianceproblemen)

Literaturempfehlungen: Carpenter WT & Buchanan RW (1994) Schizophrenia. New Engl. J. Med. 330: 681-690; Hammer MB & Arana GW (1998) Hyperprolactinaemia in antipsychotic-treated patients. CNS Drugs 10: 209-222; ZumBrunnen TL & Jann MW (1998) Drug interactions with antipsychotic agents. CNS Drugs 9: 381-401; Ackerman S & Nolan LJ (1998) Bodyweight gain induced by psychotropic drugs. CNS Drugs 9: 135-151; Licht RW (1998) Drug treatment of mania: a critical review. Acta Psychiatr. Scand. 97:387-397.

GESPRÄCHSTHERAPIE

Einleitung

Der Beginn der historischen Entwicklung der Gesprächstherapie, nachfolgend GT genannt, liegt wohl im Jahre 1929.
In den Hawthorne-Werken in Chicago wurde zu dieser Zeit eine sozial- und betriebspsychologische Studie erarbeitet. Die Leitung dieses Forscherteams hatte Elton Mayo.
Es wurde nachgewiesen, dass soziale Faktoren (zwischenmenschliche Beziehungen) in direktem Verhältnis zur Arbeitsleistung und -zufriedenheit, sowie der Möglichkeit zur Zusammenarbeit besteht. Es wurden Möglichkeiten zur Verbesserung des Arbeitsklimas aufgezeigt.
Die Interviewer benutzten neue Wege in der Gesprächsführung:

- Sie nutzten vermehrt nonverbale Mittel zur Stimulierung des Gegenübers.
- Sie stellten "ja" oder "richtig" Nachfragen bei undeutlichem Material.
- Der Interviewer übernahm nur eine eingeschränkte Führung des Gesprächs.
- Die Leitung übernahm der Interviewte.

1941 wurde von Carl Rogers oben genannte Methodik "geklaut". Er fügte dem jedoch das Verbalisieren von Gefühlen hinzu.
Der methodische Ansatz der GT wurde auch "klientenzentrierte" oder "nichtdirektive" Psychotherapie genannt.

Der Patient soll im Rahmen der GT erreichen, dass seine eigenen Gedanken und Gefühle mit dem beobachtbaren Verhalten übereinstimmen. Erreicht wird dieses, wenn der Klient ein Selbstkonzept entwickeln kann. Er öffnet sich für weitere, zum Teil verborgene, Aspekte und Seiten seines "Ich" und nimmt sie zur Kenntnis. Der Patient kann durch diesen Selbstfindungsprozess in die Lage versetzt werden, sich neu zu orientieren. Vorurteile und starre Konzepte kann er hinter sich

lassen. Er lernt Gefühle zu äußern und selber zu akzeptieren. Er übernimmt die Verantwortung für die Problemlösung.
Der Therapeut hat nun die Aufgabe, den Patienten auf diesem Weg zu unterstützen. Ziel ist, dass der Patient die Verantwortung für die Problemlösung übernimmt, selber einen Lösungsweg findet und umsetzt. Jeder Mensch hat ein Potential an Energie und Fähigkeiten um auftretende Probleme zu lösen. Dieses Kraftpotential gilt es zu aktivieren. Feststeht, dass Ratschläge, Patentrezepte zur Problemlösung und das Aufsetzen von Meinungen des Therapeuten nicht geeignet sind, das therapeutische Ziel zu erreichen. Zu viele unverstandene Ursachen und die Person des Klienten bleiben unberücksichtigt. Ohne Einsicht gibt es keine dauerhafte Problemlösung. Vielmehr wird Zuhören und auf den Klienten eingehen dem Patienten dazu verhelfen, dass er sich selbst und seine Situation besser versteht und sich aus diesem Wissen heraus selber hilft.

Voraussetzung für das Gelingen der GT ist nach Rogers:

- bedingungslose, positive und freie Zuwendung zum Patienten
- empathisches Verstehen
- Kongruenz und Echtheit des Therapeuten bei der Offenbarung seiner eigenen Gefühle.

Wie das funktioniert, und was o.g. im auxiliären Gespräch bedeutet, wird nachfolgend beschrieben. Zunächst werden ich auf Begriffe und Möglichkeiten eingehen, um anschließend den Gesprächsablauf zu beschreiben.

Klientenzentrierte oder auxiliäre Gesprächsführung :

Voraussetzung ist, dass der Therapeut nicht nur Sachinformationen zur Problemsituation abfragt, sondern auch zu erfahren sucht, wie der Klient sein Problem erfährt. Dazu gehört auch, was er denkt, fühlt und die damit verbundenen Wünsche. Wie baut er sich seine Lebenssituation in sein Umfeld ein. Dies kann nur funktionieren, wenn sich der Therapeut empathisch einfühlt, wenn er also mit den Augen des Patienten sieht. Oft ist schon viel damit erreicht, wenn der Patient sich den Druck von der Seele reden kann. Durch nachfolgende Methoden wird der Patient ermutigt, gegen eigene Vorurteile, Blockaden und Lebensstrukturen zu reden und damit seine Lebenssituation selber zu analysieren. Er wird neue Wege kennenlernen und das Problem selber lösen können oder sogar feststellen, dass das Problem eigentlich nur "so klein" ist. Dieses jedoch hat er dann selber festgestellt.

Angst und Sicherung

Der Patient, der einen Therapeuten aufsucht, hat ein Problem mit dem verschiedene Gefühle verbunden sind:

- Gefühl der Schwäche
- Angst vor Konsequenzen, die aus dem ungelösten Problem entstehen können
- Scham und Ängste, da unter dem Problemdruck und dem Angewiesensein auf Hilfe das Selbstwertgefühl leiden kann.
- Schuldgefühle, die nach echten oder vermeintlichen Normen- oder Regelverstößen aufkommen

Dies hat zur Folge:

- Ängste müssen abgebaut werden
- das Selbstbewusstsein muss gestärkt werden
- Verhalten, dass das Vertrauen stört, muss vermieden werden
- der Patient will sich verstanden wissen
- das viel Geduld nötig ist

Vertrauen

Das Vertrauen des Klienten zum Therapeuten ist die Grundvoraussetzung für das Gelingen der Gesprächstherapie. Nur dann wird sich der Patient öffnen und so den Weg für seine eigene Problemlösung ebnen.

Folgende Bedingungen müssen erfüllt sein, um ein vertrauensvolles Miteinander zu erfüllen:

- Praxiseinrichtung
- Outfit des Therapeuten
- Auftreten des Therapeuten allgemein
- Einhalten von Zusagen und Terminabsprachen
- Kongruenz zwischen Gesagtem und dem eigenen Handeln
- Der Patient sollte keine Abhängigkeiten beim Therapeuten beobachten

Vor dem Gespräch sollte der Patient erfahren, dass auch der Therapeut der Schweigepflicht unterliegt.
Im Gespräch sollte der Patient spüren, dass auf sein Gesagtes eingegangen wird
Dem Klienten sollten Fluchtwege offengehalten werden.
Offenheit des Therapeuten, auch bei Tabuthemen.
Die Sprache sollte für den Klienten verständlich und die Inhalte zu verarbeiten zu verarbeiten sein.
Hoffnungen erwecken, bedeutet auch, dass sie enttäuscht werden können
Der Patient braucht das Gefühl der Achtung und Wertschätzung
Geduld braucht der Patient, wenn er einen für ihn schwierigen Sachverhalt ergründen und ausdrücken will. Auch in dieser Phase braucht er die volle Zuwendung.

Aktives Zuhören

averbale Zeichen aufnahmebereiter Zuwendung
verbale Zeichen aufnahmebereiter Zuwendung

Aufnahmebereite Zuwendung bedeutet soviel wie jemandem volle Beachtung schenken oder ihm die volle Aufmerksamkeit zuwenden. Damit dieser Zustand erreicht werden kann, muss der Therapeut an dem Gespräch mit dem Klienten interessiert sein und ihm zuhören wollen. Er muss Ablenkungen durch seine Gedanken und Gefühle vermeiden, um so bei der Sache bleiben zu können. Auch Störungen von außen sind möglichst abzustellen.

Sie ist notwendig, damit die Interaktion mit dem Klienten gelingt. Nur so kann der Therapeut das Problem des Klienten umfassend erfassen. Diese auf die Problemlösung ausgerichtete Wechselbeziehung wird Rapport genannt.

zu 1)
BLICKKONTAKT
Der Blickkontakt ist eine einfache und wirkungsvolle Methode der averbalen Kommunikation. Er kann positiv sein, indem er Bereitschaft, Offenheit und eigene Gefühle signalisiert. Negativ kann er aber auch ein Zeichen von Desinteresse, Ausweichen, Schamgefühl oder Aggression sein.
Der ungerichtete Blickkontakt (ungerichtetes Ansehen des Gesprächspartners durch Hinwendung des Gesichts und der Augen) und der gerichtete Blickkontakt (Blick in die Augen des Gegenübers mit zentrierten und naheingestellten Augen) unterscheiden sich von der Auswirkung her erheblich.
Der ungerichtete Blickkontakt signalisiert dem Klienten bereits die Bereitschaft zuzuhören und zu sprechen. Wandert der Blick über Hals und Gesichtsbereich über beide Augen bis zur Naheinstellung auf ein Auge wird eine Steigerung dieser Bereitschaft angezeigt.
Erfahrungsgemäß sollte ein gerichteter Blickkontakt 5 Sekunden nicht überschreiten, da er ansonsten als anstarren oder beunruhigend empfunden wird.
Im Gespräch signalisiert der Therapeut zunächst seine Gesprächsbereitschaft durch ungerichteten Blickkontakt. Er sollte aber davon ausgehen, dass sich sein Gegenüber erstmal überhaupt an Blickkontakt gewöhnen muss. Ziel sollte es sein, dass zumindestens die Hälfte der Gesprächszeit von Blickkontakten begleitet wird. Aber auch hier sind die Reaktionen des Ratsuchenden entscheidend.
Scheu und Unsicherheit lässt der Klient erkennen, wenn er den Blicken ausweicht oder sich sogar komplett abwendet. Dann sollte sich der Therapeut zunächst zurückhalten.
Aber auch der Klient sucht aus vielerlei Gründen den Blickkontakt. Er sucht Bestätigung, möchte sich der Zuwendung versichern, kontrolliert das Fortbestehen des Interesses. Treten im Rapport Unterbre-

chungen auf, kann der Blickkontakt Ausdruck für "Ich brauche jetzt Hilfe" sein.

In der Interaktion besteht die Möglichkeit, den Blickkontakt als Regiemittel einzusetzen. Bei einer längeren "Rede" des Klienten intensiviert der Therapeut den Blickkontakt und zeigt damit an, dass er etwas zu sagen hat. Auch kann der Therapeut die Rolle des Sprechenden an den Klienten weitergeben, indem er ihn nicht länger als 2 Sekunden anschaut.

In diesem Zusammenhang sei darauf hingewiesen, dass der Zuhörende öfter den Blickkontakt als der Sprechende sucht. Der Sprechende ist im Zweifel mehr mit seinen Gedanken beschäftigt, mehr introvertiert, als das Gegenüber.

KÖRPERHALTUNG UND AUSDRUCKSBEWEGUNGEN

Abgesehen von der Gesprächsdistanz, die bei Erwachsenen ca. 150cm beträgt, sind die Körperhaltung und Ausdrucksbewegungen ein Mittel der nonverbalen Kommunikation. Sie helfen den Klienten "aufzuschliessen" und geben Auskunft über das Gegenüber.

Aufnahmebereite Zuwendung wird durch eine aufrechte, leicht nach vorne geneigte Körperhaltung mit voller Zuwendung signalisiert. Innerhalb der intimen Gesprächsdistanz (Intim=0-45cm; Freunde= 45-120cm; Geschäftspartner=120-360cm) kann nun die Distanz schon durch ein Zurücklehnen, nach vorne neigen und Kopf nach vorne beugen verändert werden. Die Intensität der gegenseitigen Zuwendung nimmt zu oder ab.

Arme und Hände sollten natürlich und ruhig gehalten werden. Sie dürfen nicht als Sperre zwischen die Gesprächsbeteiligten gelegt werden. Eine Ablenkung durch Herumspielen mit Gegenständen sollte vermieden werden.

Die Haltung des Kopfes ist ein Mittel der Körpersprache. Wird er leicht nach vorne geneigt, wird das Gegenüber aufgefordert, die Initiative zu übernehmen. Der leicht zur Seite geneigte Kopf zeigt dem Gegenüber, dass der Therapeut ihm interessiert zuhört, was auch durch ein Aufstützen des Kopfes bei Beibehaltung des Blickkontaktes erreicht wird.

Interessant und für den Therapeuten auswertbar ist die Körperhaltung des Klienten. Er ist Ausdruck des seelischen Erlebens. Der

Verschlossene und Reservierte wird sich dem Therapeuten nicht oder nur unvollständig zuwenden, der Traurige und Kraftlose wird in sich zusammengesunken mit hängenden Schultern dasitzen. Innerhalb des Gespräches unterliegt die Körperhaltung, je nach emotionalem Zustand einem steten Wechsel. Der Klient, der wechselnden Gefühlen unterworfen ist, wird auch seine Körperhaltung stetig ändern, wobei aber auch die Intensität der Gefühle zum Ausdruck gebracht werden. Beispiele dafür sind der entspannt dasitzende Mensch, der sich plötzlich strafft, da nun das Thema für ihn unangenehm wird, oder der Angst empfindende, der seinen Kopf zwischen die Schultern zieht.

Vielschichtig und aussagefähig sind Ausdrucksbewegungen. Auch sie drücken ein seelisches Geschehen aus. Sie illustrieren, unterstützen, verstärken im Normalfall das Gesagte und die Gefühle. Sie geben dem Sprechenden Resonanz auf das Gesagte. Er kann erkennen, ob er zu langsam oder zu schnell redet, ob das Gesagte positive oder negative Reaktionen hervorruft und ob das Gesagte überhaupt das Gegenüber erreicht. Diese Regulatoren sind aber nicht nur die großen, offenkundigen Bewegungen, sondern die obengenannten Besonderheiten des Blickkontaktes, kleine Kopf- und Augenbewegungen und leichte Änderungen in der Körperhaltung. Diese Prozesse laufen oft nur unbewusst ab, unterliegen aber doch einer Deutung, die sich der Therapeut als Empfänger und als Signalgeber (aufnahmebereite Zuwendung) zu Nutze machen kann. In diesem Zusammenhang ist es wichtig für den Therapeuten, ob die Bewegungen synchron zum Gesagten verlaufen, oder das Gesagte den Ausdrucksbewegung entgegenspricht. Die Deutung ist jedoch nur im Kontext zu verstehen.

Besonderes Ausdrucksmittel ist die Mimik. Reaktionen auf Gesprochenes und eigenes emotionales Erleben sind ablesbar. Der Therapeut sollte ganz bewusst darauf achten, diese Ausdrucksmöglichkeiten bei seinem Klienten zu bemerken.

Der Therapeut sollte mit eigenen Ausdrucksbewegungen sparsam umgehen. Sie signalisieren die Zuwendung. Einfühlung sollte im Ausdruck der Bewegungen nur angedeutet und für den Klienten erkennbar sein. Sie sollten bewusst nur als Signal gesehen werden.

zu 2)

- verbale Zeichen aufnahmebereiter Zuwendung

Sie sind Formen der Ermutigung, der Fragestellung und somit Hilfen zur Einleitung, zum Verlauf und zur Beendigung eines Gesprächs. Wann sind verbale Reaktionen angebracht und erforderlich?
Die Anbahnungsreaktion zu Beginn des Gespräches, die in der Kontaktaufnahme bis zur Bitte, das Problem zu schildern, abläuft.
Die Bereitschaft- oder Zuwendungsreaktion signalisiert die aufnahmebereite Zuwendung. Es wird die Bereitschaft ausgedrückt, dass der Therapeut zuhören wird oder er Fragen stellt
Von vielen Klienten wird eine Beratungsreaktion (Bitte um Rat) gefordert. Der Rat erfolgt jedoch im Sinne des auxiliären Gesprächs nur dann, wenn die Problemanalyse abgeschlossen ist und der Patient keine eigenen Problemlösungsstrategien entweickeln konnte.
Auf Fragen des Klienten sind Antwortreaktionen gefordert.
Strukturierende Reaktionen werden benötigt, um den Klientenbericht auf das Wesentliche hinzuführen, zu vertiefen, abzukürzen, zu klären oder zu lenken.

Die Reaktionen können sein:

- kurze Aussagen

Das Bestätigende, aber nicht bewertende "Ja", "Gut" und "Richtig", "das kann ich ihnen nachfühlen", "So", "Aha", "und dann", "das habe ich verstanden", "und dann?", "ich kann mich gut in Ihre Lage versetzen", oder nur ein eingestreutes "Hm-hm" geben dem Klienten die Möglichkeit, überhaupt mit der Problemschilderung zu beginnen. Auch können so Unterbrechungen im Rapport, die durch Formulierungsschwierigkeiten, Erinnerungslücken, Schamgefühl oder emotionale Überwältigung entstehen, überwunden werden.
Nach einigen Sätzen treten im Gesprächsfluss sogenannte kreative Pausen ein, die nicht gestört werden sollten. Nach 8 Sekunden Pause sollte der Therapeut jedoch eine Reaktion zeigen. Der Patient zeigt in langen Pausen meist an, dass er Hilfe braucht. Er braucht dann eine Eselsbrücke, die ihm weiterhilft.

Der Therapeut kann:
um ein Beispiel bitten
("Können Sie mir das an einem Beispiel erläutern")
eine Bedeutung ergründen
("Welche Bedeutung hatte dieses Ereignis für Sie?")
auf die emotionale Reaktion eingehen
("Wie haben Sie sich danach gefühlt?")
Interesse zeigen
("Woran denken Sie besonders"; "Das scheint besonders wichtig zu sein")
die letzten Worte wiederholen, ggf in Frageform
("Sie haben keine glückliche Kindheit erlebt?"
zu weiteren Ausführungen auffordern
("Möchten Sie mit mir darüber reden?"; Bitte erläutern Sie doch näher.")
wiedergeben, wenn er erkennt, dass es dem Klienten schwer fällt über etwas zu reden
("Es fällt ihnen sichtlich schwer, darüber zu sprechen... .")
betonen, was bisher erreicht wurde
("Sie haben bisher so freimütig von ihrem Problem gesprochen.... .")

- Fragen
Fragen haben zwei Aufgaben:
Sie tragen für beide Seiten zu einem tieferen Verständnis im rationalen, emotionalen und attitudinalen Bereich bei.
Sie bringen das Interesse des Therapeuten im Sinne der aufnahmebereiten Zuwendung zum Ausdruck.

Die Fragen behalten im auxiliären Gespräch ihre positive Wirkung, wenn folgende Voraussetzungen vor dem Stellen der Frage abgeglichen werden:
Unterbricht der Therapeut mit der Frage den Klienten?
Hat die Frage einen Nutzen für den Klienten?
Welche Frageform ist am besten geeignet, um den Rapport nicht zu stören?

Die Antwort des Klienten sollte nicht mit Ja oder Nein oder in sonstiger Kurzform ausfallen.
(" Sind Sie darüber traurig?" - "Ja." oder "Wann haben Sie geheiratet?" - "1972"), denn sie verhindern, dass der Patient weitersucht, sich also weiter öffnet. Diese geschlossene Frageform bewirkt aber auch, dass der Therapeut unter dem Druck steht, sich ständig neue Fragen einfallen zu lassen, und die Antworten nur wenige Informationen beinhalten.
Im Sinne der Gesprächstherapie führen offene Fragen beim Klienten zu einer tiefergehenden Öffnung und Themenvertiefung ("Wie würden Sie die Beziehung zu ihrer Freundin näher erläutern"; Die einen gehen gerne zur Schule, die anderen nicht. Wie denken Sie darüber?").Es werden Berichte, Einstellungen und gefühlsmäßige Reaktionen provoziert, was eine Problemerläuterung und Selbsterkenntnis zur Folge hat.
Besonders aussagekräftig werden offene Fragen, wenn der Therapeut in der Lage ist, die verbalen und nonverbalen Signale gleichermaßen auszuwerten. Er wird in die Lage versetzt, sich immer besser empathisch in den Patienten einzuleben.
("Wie ist es Ihnen in den letzten Tagen ergangen?" und nicht "Haben die Schmerzen nachgelassen?").
Eröffnungs- und Vertiefungsfragen werden am Besten als offene, sondierende Fragen formuliert, da der Antwortspielraum für den Klienten vergrößert wird. Die sondierenden Fragen können vorzugsweise mit wann, wer, wo, wie oder bei welcher Gelegenheit eingeleitet
("Wie sind Sie zu der Meinung gekommen, dass Sie in der Liebe kein Glück haben?"). Lediglich mit der Frage nach und mit dem „Warum“ sollte vorsichtig umgegangen werden. Sie birgt die Gefahr, dass sie den Geschmack der kritischen Beurteilung erhält ("Warum kommen Sie zu spät?"). Der Klient gerät in eine Verteidigungssituation und wird Abwehrmechanismen einsetzen. Im schlimmsten Fall kann das Vertrauen so gestört werden, dass es zum Abbruch des Rapports kommt. Unbedingt zu vermeiden sind Suggestivfragen, da der Klient bei seinen Antworten immer dazu neigt, in seinen Antworten Abwehrmechanismen einzusetzen, oder Antworten zu geben, die geeig-

net sind, dem Therapeuten zu gefallen. Die Aussagen sind "eingefärbt". Sie werden durch die Fragestellung intendiert.
Die Frage sollte ihren verbindlichen Stil beibehalten. Sie sollte nicht mit der Tür ins Haus fallen, weil sie sonst keinen das Gespräch fördernden Einfluss, sondern mehr hemmenden Charakter hat.
Grundsätzlich müssen Doppel- und Mehrfachfragen vermieden werden, da sie dem Klienten Antwortalternativen offenlassen, nämlich welche Frage er beantwortet oder ob er es ganz „bleiben" lässt.
Sie bringen den Therapeuten nicht weiter.

Fragen lassen sich nach ihrem Inhalt in mehrere Kategorien einteilen:
Fragen zum sachlichen Inhalt oder Informationsfragen dienen dem Verständnis und der Einordnung in Bezug auf Fakten, Daten, Ereignisse und Begründungen ("Wie alt waren Sie, als ...?"; In welchem Zusammenhang stand die Reise Ihres Mannes mit ... ?"). Soll ein Sachverhalt konkretisiert oder aufgeklärt werden, kommen Anstoßfragen zum Einsatz ("Worin äußerte sich der zunehmende Hass?"; Welchen Grund hatten Sie für diese Vermutung?")
Fragen zum attitudinalen Gehalt oder Einstellungsfragen dienen dem Erforschen und Aufdecken von Meinungen, Einstellungen, Haltungen und Vorurteilen. Dadurch bekommt der Therapeut Einblick in das Bezugssystem des Klienten, in sein Denken und Fühlen als Handlungsvoraussetzung ("Halten Sie Pünktlichkeit für wichtig?"; "Lieben Sie Hunde?")
Fragen zur emotionalen Seite sind in unseren Breitengraden seltener Bestandteil von Gesprächen. Meist werden diese Dinge verschlüsselt, umschrieben oder komplett umgangen. Dem Klienten muss beim Öffnen des Zugangs zu diesem Bereich geholfen werden ("Welche Bedeutung hatte das für Sie?"; Hat Ihnen das etwas ausgemacht?; "Hat Sie das besonders beeindruckt?"; "Wie fanden Sie das?"; "Wie haben Sie darauf reagiert?"; "Wie erleben Sie ihre Krankheit?"; "Wie hat Sie das innerlich berührt?"; "Hat Sie das besonders schwer getroffen?"; "Welche Gefühle haben Sie dabei gehabt?").

Nicht nur der Inhalt der Fragen ist von Bedeutung, sondern auch die Reihenfolge, in der die Fragen gestellt werden.

Der Therapeut stellt die Fragen vom Allgemeinen zum Speziellen fortschreitend.
Er stellt die Fragen vom Sachlichen, Kognitiven zum Persönlichen (Einstellung und Emotionales).
Geschlossene Informationsfragen werden nur in Ausnahmefällen und bei besonderem Bedarf verwandt.
- überbrückende Hilfen
Oben wurden schon einmal Gesprächsunterbrechungen angesprochen, die mit Hilfe des Therapeuten zu überbrücken sind. Dies können sein: Pausen, Unterbrechungen und Blockierungen.
Wiederholungen der letzen Worte, die ggf. mit fragender Stimmführung begleitet werden.
Zwischenzusammenfassungen ("Sie sprachen über die Gründe für die Spannungen in ihrem Elternhaus.")
Verbale Zeichen anhaltender Gesprächsbereitschaft ("Lassen Sie sich ruhig Zeit zum Nachdenken."; "Es hat keine Eile.")
Die unmittelbare Aufforderung weiter zu sprechen ("Sprechen Sie ruhig weiter.").
Dem Klienten wird eine Brücke gebaut oder ihm wird ein Suchfeld angeboten (" Erinnern Sie sich in diesem Zusammenhang an ein besonderes Ereignis?").
Es wird gezielt auf eine Blockierung eingegangen ("Es fällt ihnen offenbar schwer darüber zu sprechen.").
Dem Patienten werden formale Hilfen angeboten. ("Können Sie jetzt weitersprechen") bei einem die Tränen abwischenden Klienten.
Bei einem gefühlsmäßig überrumpelten Klienten, der den Rapport abgebrochen hat, muss sogar ein Abschluss des Gesprächs angeboten werden ("Ist es ihnen lieber, wenn wir das Gespräch später fortsetzen."). Manchmal reicht aber auch das Angebot einer Pause.

Resonanz als inhaltliche Reaktion auf den Klienten

Resonanz ist ein Bestandteil des auxiliären Gesprächs, durch den auf den Inhalt der Äußerungen des Klienten eingegangen und reagiert wird. Sie hat das Ziel, das Bemühen des Patienten zu einem besseren

Problem- und Selbstverständnis zu gelangen, und damit eine Problemlösung zu erreichen und zu unterstützen.
Einfühlendes Verständnis zeigt der Therapeut, wenn er versucht, sich in den Patienten einzuleben. Wenn er versucht, mit seinen Augen zu sehen und die Frage beantworten kann. "Was würde ich in der gleichen Situation denken, fühlen und tun." Der Therapeut bleibt jedoch wertungsfrei in Bezug auf eigene, allgemeine oder persönliche Wertmassstäbe. Das einfühlende Verständnis ist Grundvoraussetzung für das Gelingen der Therapie. Es öffnet die Tür für eine angemessene Reaktion auf den Klienten und sein Problem. Der Therapeut strebt an, dass seine Gesamtreaktionen über die Äußerungen des Klienten hinausgehen. Er erkennt dann auch nichtverbalisierte Gefühle und Motive des Patienten. Er kann sie so wiedergeben, dass der Klient zustimmt oder sie äußern kann. Dies hilft dem Klienten, Zusammenhänge und damit sich selbst besser zu verstehen.
Achtung vor der menschlichen Würde besagt hier Respektieren im Sinne wertungsfreier, wohlgesonnener Aufgeschlossenheit für den Klienten. Der Klient soll so gesehen werden, wie er ist. Vorurteile gibt es nicht. Er wird trotz seiner offenkundlichen Schwächen als Mensch gesehen. Würde beschreibt in diesem Zusammenhang, das Wollen der Problemlösung und das, was er schon dafür getan hat, mögen die Mittel bis dato auch unzureichend gewesen sein. Das sollte der Therapeut ihm als Grundeinstellung entgegenbringen. Er hat sie verdient. "WEINENDE KINDER LACHT MAN NICHT AUS!" Selbstverständlich sollte der Therapeut sein Gegenüber nicht unkritisch betrachten. Jedoch sollte missbilligende Kritik unterbleiben. Er sollte dem Klienten zeigen und sagen, dass er den Mut über Gefühle zu reden, seine Offenheit, sein Durchhaltevermögen und die Selbstüberwindung positiv anerkennt. Durch die dem Klienten entgegengebrachte Achtung kann sich erst ein beidseitiges Vertrauensverhältnis aufbauen und der Klient kann sich in der therapeutischen Gemeinschaft sicher fühlen. ("Ich kenne die Energie und die Geduld, mit der Sie ihre sonstigen Probleme lösen. Wenn Sie ihre Gründe für und gegen diese Partnerwahl in Ruhe abwägen und dann eine wohlüberlegte Entscheidung treffen, werden Sie mit ihrer Entscheidung auch zufrieden sein.").

Echte Hilfsbereitschaft drückt der Therapeut aus, wenn er seine Rolle als Helfender ernst nimmt. Er soll nicht nur Gesprächsführender sein, sondern zeigen, dass seine Gefühle, Gedanken und Einstellungen kongruent zu seinen Äußerungen der Hilfsbereitschaft sind. Aus diesem Gefühl heraus kann er sich selber öffnen und seinem Gegenüber auch das eigene Denken und Fühlen mitteilen. Damit geht er weit über die rezeptive Position hinaus und fördert das Entstehen einer partnerschaftlichen Beziehung.

Reflexion

Reflexionen, als Einzelreaktion auf Äußerungen des Klienten spielen sich auf drei Ebenen ab:
Die Reaktion auf Sachäußerungen, sowie rationale oder kognitive, Inhalte, die den Probleminhalt ergründen.
("Ich wurde aus dem Frauenhaus geworfen." - "Hat man Ihnen dafür Gründe angegeben?")
Der Therapeut reagiert auf attitudinale (Einstellungen, Meinungen oder Haltungen) Positionen, die vom Klienten eingenommen werden.
("Ich halte nichts von Make-up bei meiner Frau." - "Haben Sie schon mit ihr darüber gesprochen?")
Die Reaktion auf gefühlsmäßige Angaben.
("Ich fühle mich im Bus eingeengt." - "Haben Sie das Gefühl immer?")
Der Therapeut hat es in der Hand gezielt durch Reflektion auf eine der drei Ebenen einzugehen, und so gezielt die Dinge zu vertiefen, die das Problem erhellen und so zur Lösung beitragen. Die Reflexionen sind Instrumente um die Grundformen der Resonanz zum Ausdruck zu bringen.
Selektive Reflektion ist die Kommunikationstechnik, bei der auf bestimmte Passagen der verbalen und nonverbalen Äußerungen des Patienten eingegangen wird, die zum Erreichen des therapeutischen Zieles notwendig und wichtig sind. Der Therapeut fokussiert sozusagen die Äußerungen auf das Wesentliche, ohne jedoch Vorgaben zu machen.
Letztendlich ist das Selektieren notwendig, da der Therapeut kaum die Möglichkeit hat, auf alle Äußerungen des Ratsuchenden einzuge-

hen. Also müssen bestimmte Anteile vertieft und andere vernachlässigt werden.

Es gibt verschiedene Formen der selektiven Reflexion:
1. Spiegelung
gehört zu den einfachen Formen der s.R... Sie beschränkt sich auf die wörtliche Wiederholung einzelner Wörter und Sätze.
" Mein Partner ist kinderlos verheiratet; aber da habe ich keine Skrupel; Dennoch beunruhigt mich der Gedanke, dass ich in absehbarer Zeit ... ."
Spiegelung im emotionellen Bereich:
"Der Gedanke beunruhigt Sie?"
Spiegelung im rationalen Bereich:
"Ihr Partner ist verheiratet?"
Spiegelung im attitudinalen Bereich:
"Sie sagten, Sie haben keine Skrupel?"
Spiegelung im emotionalen Bereich:
"Sie fühlen sich also nicht recht wohl, dass Ihr Partner verheiratet ist."

2. Klärungsfragen sollen mehr Verständnis für Sachverhalte, Einstellungen oder Gefühle des Klienten bewirken.
"Ich fürchte mich vor der kleinsten Bewegung; und mein Kopf tut ständig weh. Eine gewisse Rücksichtnahme könnte ich doch wohl erwarten"
Klärung im rationalen Bereich:
"Wie lange haben Sie schon Kopfschmerzen?"
Klärung im emotionalen Bereich:
"Fürchten Sie sich vor der täglichen Hausarbeit?"
Klärung im attitudinalen Bereich:
"Wer schuldet ihnen mehr Rücksichtnahme?"
Klärung im emotionalen Bereich:
"Wie äußert sich ihre Furcht?"

3. Zwischenzusammenfassungen haben die Aufgabe nach Gesprächsabschnitten das auszuwählen, zu rekapitulieren und zu verdichten, was geäußert wurde.

"Wenn ich Ihre jetzige Situation richtig verstehe, ist Ihnen der Selbstmord dieses Mannes sehr nahe gegangen."

Sie werden bei folgenden Gelegenheiten eingesetzt:

- selektive Gesprächsphasen resümieren
- durch Übersicht Klarheit verschaffen
- das Gespräch auf bestimmte Inhalte konzentrieren
- im gleichen "Fahrwasser“ bleiben, nachsetzen
- bestimmte Gefühlsabschnitte betonen
- einfühlendes Verständnis zeigen
- sich selbst kontrollieren

4. Neuformulierungen eröffnen dem Klienten die Möglichkeit durch die neue Wortwahl eine zusätzliche, oder der Sache besser dienende Formulierung zu finden.
("Ich gebe mir die größte Mühe, aber dann platze ich doch mit meiner Meinung heraus." - "Wollen Sie damit sagen, dass Sie sich nicht beherrschen konnten?")
Zwischen dem rationalen und emotionalen Bereich gibt es Unterschiede.
("Ich überlege schon eine ganze Weile und komme zu keiner klaren Entscheidung, bin mir nie so recht sicher, woran ich bei ihr bin. Mal ist sie freundlich, ein andermal ablehnend und kühl, ganz unabhängig vom Thema, über das wir sprechen." - "Man könnte das Verhalten Ihrer Verlobten als schwankend bezeichnen ... .") (rationale Neuformulierung) - "... und dadurch fühlen Sie sich verunsichert." (emotionale Neuformulierung).

5. Konkretisierung bedeutet für den Klienten eine nicht alltägliche Anforderung. Er soll sein Denken, seine persönlichen Einstellungen und Gefühle zu konkreten Einzelheiten kundtun. Er soll Farbe bekennen. Mit Fragen und Aussagen, die den Klienten auffordern, einen Sachverhalt zu konkretisieren, verhilft man ihm aus allgemeinen Statements, auf seine Person bezogene Aussagen zu treffen.
("Ich habe immer Prüfungsangst." - "Sie gehen also in den Raum, in dem die Prüfung stattfinden soll. Was geschieht dann?") und

("Ich habe ständig Streit mit den Kindern." - "Sie sprechen also mit Ihrer Frau eben noch ganz ruhig über die Kinder. Was sagt oder tut Ihre Frau dann, wenn es zum Streit kommt?")

6. Konfrontation im Sinne eines Hinweises auf Widersprüche ist ein probates Mittel um den Patienten auf Widersprüche hinzuweisen, die sich ergeben können aus:
Widersprüche zwischen dem Gesagten und dem sonstigen Gesamteindruck. Der Klient sagt, er wäre sich sehr sicher, zeigt aber durch Gestik und Mimik Angst und Unruhe.

... bei Gegensätzen zwischen eigenem Denken und Handeln. Der Geschäftsmann, der nach eigenen Angaben edelmütig ist, aber rücksichtslos handelt.

... bei Divergenzen zwischen Beschreibung und Wirklichkeit. Der Arzt sagt:" Die Spritze tut nicht weh" und dennoch dem Kind die schmerzende Injektion gibt.

... bei der Unvereinbarlichkeit von Wunschvorstellungen und wirklichem So-sein.

Den Klienten mit solchen Widersprüchen zu konfrontieren, ist nicht unproblematisch. Der Therapeut sollte den Zeitpunkt genau wählen und in zwei Stufen vorgehen.
Die erste Stufe soll Widersprüche genauer hervorheben und dem Patienten die Möglichkeit geben, den Widerspruch selber zu sehen ("Wie können Sie das Mitleid, von dem Sie gesprochen haben, damit in Einklang bringen, dass Sie ihre Tochter nicht im Haus dulden wollen, solange Sie Drogen nimmt.").
Die zweite Stufe ist der direkte Hinweis auf den Widerspruch. Dies wird mit der Aufforderung, bzw. dem Hinweis verbunden, nun selber die Widersprüche und Gegensätzlichkeiten zu klären ("Wie haben über die Ursachen gesprochen, die es ihrer Tochter schwer machen, sich ihrem Elternhaus anzupassen. Besteht nicht ein Widerspruch zwischen ihrem Mitleid einerseits, und der Strafe, die sie verhängt haben?").

Interpretation ist der Punkt des auxiliären Gesprächs, an dem das Denken und Fühlen des Therapeuten zum Tragen kommt. Der Therapeut geht über die eigentlichen Äußerungen des Klienten hinaus und zeigt somit die Bedeutung des Gesagten auf. Die Interpretation soll aber in vollem Bezug zu Aussagen des Hilfesuchenden stehen. Sie bezieht sich auf den Bedeutungsinhalt.

Bisher wurde viel dazu geschrieben, wie ein auxiliäres Gespräch erfolgreich gestaltet werden kann. Dabei sollten aber 10 Regeln beachtet werden, was der Therapeut nicht tun sollte:
Keine nicht zu erfüllenden Erwartungen wecken
("Klappt es in der Schule?"), sondern ein Thema erwartungsfrei eröffnen ("Erzähl mir etwas von der Schule.").
Keine zu direkten und damit zwingenden Fragen
("Lieben Sie ihre Mutter?")
Vermeide das Gespräch über Fremdbeurteilungen über den Klienten ("Was hält ihr Chef von ihnen?").
Der Klient sollte ein Selbstkonzept schildern ("Wie sehen Sie ihre Stellung im Betrieb?")
Fordere keine Aussagen des Klienten, die für ihn ein Negativ-Image aufbauen können
("Halten sie sich für einen Schwächling?"), sondern provoziere, dass er seine Stärken schildern kann ("Wo liegen ihre Stärken?").
Vermeide Fragen, auf die mit Scham- oder Schuldgefühl reagiert werden könnte ("OnanierenSie?"), verwende darum vorwiegend Sachfragen ("Wann haben Sie zum ersten Mal onaniert?")
Vermeide wertende Formulierungen ("Wie konnten Sie das nur machen?"). Hier wären distanziertere, logisch klingende Fragen angebracht ("Wie kamen Sie zu ihrer Entscheidung?").
Aggressive Konfrontationen des Klienten mit seinem Verhalten sind zu vermeiden ("Haben Sie nicht selbst gesagt, es sei eine Schande ..").
Gib dem Klienten Gelegenheit den Widerspruch zu erläutern ("Wie sehen Sie den Zusammenhang zwischen ihrer Meinung ... und ... ?").
Verhindere, dass sich emotionale Situationen aufschaukeln ("Haben Sie ihr Kind sehr geliebt?").

Der Patient sollte Gelegenheit bekommen, Abstand zu bekommen um sich zu fangen ("Möchten Sie zunächst über etwas anderes sprechen?")
Meide überrumpelnd wirkende Tabu-Themen, die den Klienten in die Ecke stellen ("Haben Sie das Bedürfnis, mit ihm zu schlafen?").
Gehe behutsam vor ("Haben Sie einen Freund? Einen speziellen Freund? Finden Sie ihn körperlich anziehend? Erregt er Sie?").
Benutze keine abwertenden Stereotypen ("Halten Sie das für männlich?" - "Kein vernünftiger Mensch ... ."), sondern gehe auf die Individualität des Klienten ein.

Der Gesprächsablauf

Die Gesprächseröffnung

Der Therapeut sollte sich mit seinem Namen und seiner Funktion (Rolle) vorstellen:
"Mein Name ist Dieter Dirigent und ich bin Psychotherapeut."
Er kann aber auch sonstige Einleitungsformeln benutzen:
"Warum kommen Sie zu mir?" - "Wie kann ich ihnen helfen?"
Je nach Patient fällt die Einleitungsformel etwas lockerer aus:
"Was kann ich für Sie tun?" - "Was bedrückt Sie?"
Auf jeden Fall sollte die Formulierung dem Gegenüber sofort die Gelegenheit geben, aktiv zu werden und den Rapport herzustellen. Diese Aussagen und Fragen überbrücken den Übergang von der Konversation (Warmlaufphase) zum eigentlichen Gesprächsthema.
Neben der sehr gelungenen Eröffnung mit "Warum kommen Sie zu mir?" kann der Therapeut mit dem Hinweis auf ihm schon bekanntes (aus telefonischer Anmeldung, oder anderen Informationsquelle) dem Klienten helfen, dass er sofort den Faden aufnehmen kann.
"Sie haben gestern um einen Termin gebeten. Ich stehe ihnen jetzt zur Verfügung."
"Als Sie gestern anriefen, sagten Sie, Sie wüssten nicht mehr weiter. Ich möchte ihnen helfen."
"Ihr Mann sprach von Schwierigkeiten mit den Kindern. Wie sehen Sie das Problem?"

Im Normalfall kann dann mit der Abfrage der Erwartungen des Klienten fortgefahren werden, was dann in das auxiliäre Angebot mündet:

"Ich habe jetzt einen ersten Überblick über Problem erhalten. Sie müssen mir aber noch genauer schildern, wie es zu diesem Problem gekommen ist und wie es sich auf Ihr Leben auswirkt. Ich kann ihnen zwar nicht die Sorgen abnehmen, aber dabei helfen, selbst eine Lösung des Problems zu finden." oder
"Ich weiß, dass Mut dazu gehört, zu mir zu kommen. Sie wissen, dass ich mit niemandem über das Reden werde, was Sie mir anvertrauen. Sicher kann ich Ihnen für ihr Problem keine Patentlösung anbieten, aber ihnen doch dabei helfen, selbst Mittel und Wege zu finden, um das Problem zu lösen. Dazu muss ich aber zunächst das Problem näher kennenlernen."
Zu Beginn einer Therapiestunde zeigt der Therapeut eine "grobe" Tagesordnung auf, mit Zielen, die ihm und dem Klienten helfen:
"Wir wollen darüber sprechen, wie sich ihr Verhältnis zu Ihrem Chef im Laufe der Jahre verändert hat. Wie war das Betriebsklima zu Beginn Ihrer Tätigkeit in der Firma."
Auch sollten dem Patienten schon in dieser Phase klare zeitliche Grenzen aufgezeigt werden:
"Ich stehe ihnen bis 16.15h zur Verfügung." oder
"Ich habe eine Stunde für Sie vorgesehen. Wenn es ihnen recht ist, können wir so lange miteinander sprechen."

Das Gespräch und seine Struktur
Hier setzt die Kreativität des Therapeuten ein. Er leitet den Hilfesuchenden an, sich auf die Themen und seine Gefühle zu konzentrieren, die mit dem Problem zusammenhängen. Jedoch sollte er vermeiden, dass der Eindruck entsteht, dass er das Gespräch in eine bestimmte Richtung zwingen will. Er sollte den Klienten anleiten, was bedeutet:
die Gesprächsrichtung anzeigen
die zur Verfügung stehende Zeit nützen
das Problem erkennen und erörtern
Überflüssiges abkürzen und vermeiden
gemeinsam an der Problemlösung arbeiten

Der Therapeut kann aus den Äußerungen und aus der Reihenfolge derselben diagnostische Rückschlüsse ziehen. z.B. der Vater, der über das negative Betriebsklima spricht, um dann aber in die Beziehung mit seiner Frau abzuschweifen.
Die Assoziationen des Klienten darf er aber nicht mit seinen Eigenen verwechseln. Es bedarf darum der ständigen Selbstkontrolle. Er muss bewusst abgleichen, wie weit das Denken vom Klienten von seinem abweicht.
Der Patient wechselt mitten im Rapport abrupt das Thema. Das kann mehrere Gründe haben:
Hat er zuviel gesagt, sich zu weit geöffnet und möchte nun mit dem bisherigen Thema nicht fortfahren.
Waren die mit dem Thema verbundenen Gefühle zu schmerzhaft, zu intim oder nach seiner Beurteilung zu verwerflich?
Besteht zwischen den beiden Themen ein engerer Zusammenhang, als auf den ersten Blick zu erkennen ist, den es aber zu ergründen gilt?
Der Therapeut muss ergründen, warum der Klient das Thema wechselt. Deshalb gilt sein Augenmerk, dem Zeitpunkt und der Art und Weise, wie der Wechsel vollzogen wird.
Der Therapeut muss neben dem Themenwechsel aber auch damit rechnen, das der Rapport komplett unterbrochen wird. Mehrfaches Stocken oder völliges Blockieren im Bericht, veranlasst ihn, dann das Thema nicht zu vertiefen, sondern dem Klienten die Möglichkeit zum Ausweichen auf andere Bereiche zu geben:
"Es fällt Ihnen offenbar schwer, darüber zu sprechen. Wollen Sie deshalb ... ?"
Oft bricht der Rapport ab, weil der Hilfsbedürftige von seinen eigenen Gefühlen überwältigt wird. Er kann anfangen zu weinen oder andere affektive Reaktionen zeigen. Darauf sollte der Therapeut nicht mit Betroffenheit, seelischen Trinkgeldern ("Ich bin sicher, das wird sich schon wieder geben.") oder alltäglichen Aufmunterungen reagieren. Der Klient muss einmal mehr das Gefühl vermittelt bekommen, dass er akzeptiert wird. Dies kann durch Stimmführung, Körperhaltung, Mimik und Ausdrucksbewegungen vermittelt werden. Er sollte daran denken, dass es selbstverständlich ist, dass ein Mensch, der

Sorgen und Kummer hat, auch weint. Diese Situation muss bewältigt werden:
"Ich kann gut verstehen, wie ihnen zumute ist." aber nicht
"Weinen Sie sich ruhig aus.", da dies eine Verstärkung für das Weinen wäre.
Bevor der Klient weinend weiterredet, muss er beruhigt werden:
"Wir wollen warten, bis Sie sich beruhigt haben, und dann unser Gespräch fortsetzen."

Im Gegensatz zum Abbruch des Rapports gibt es Patienten, die "zuviel" reden. Dies ist meist der Versuch etwas zu verdecken oder mangelnde Fähigkeit zwischen Wichtigem und Unwichtigem zu unterscheiden. Ein zuviel an Redefluss lässt sich nur dann unterbrechen, indem alle positiven Verstärker kurzfristig weggelassen werden. Der Klient muss dann auf das Wesentliche zurückgeführt werden:
"Können Sie noch einmal auf diese Situation eingehen?" oder
"Welchen Zusammenhang sehen Sie zwischen den Unstimmigkeiten im Elternhaus und ihren Leistungen?"

Gesprächsende

Bei vielen Patienten gestaltet sich das Beenden der Therapiestunde als Problem und erfordert Geschick und Taktgefühl des Therapeuten. Es sollte nicht durch plötzlichen Abbruch, Vertrösten auf später und Ausflüchte gekennzeichnet sein. Der gezielte Einsatz von nonverbalen Mitteln (Blickkontakt und körperliche Zuwendung lockern, Zurücklehnen, Abwenden oder sogar Aufstehen und im Raum rumgehen, zur Seite legen von Kugelschreiber und Papier und als letztes Mittel, dass Zur-Uhr-schauen).
Selbstverständlich hilft auch hier die Sprache weiter.
"Heute haben wir über den Bereich ... gesprochen."
"Wir sollten dieses Thema heute nicht weiter vertiefen."
"Wir gehen bei der nächsten Sitzung auf dieses Thema ein."
Der Patient kann das Gespräch auch selber beenden, in dem er das bisher Gesagte zusammenfasst:

"Wenn Sie unser heutiges Gespräch nochmal überdenken, welche Punkte scheinen Ihnen besonders wichtig?"
Gelingt dies nicht, fasst der Therapeut selber zusammen:
Sie haben mir ihre Situation sehr anschaulich geschildert. Ich verstehe nun, warum Sie sich in ihrer Firma unwohl fühlen."
Nach der Ankündigung des Gesprächsendes wird der Patient gefragt, ob er noch etwas hinzuzufügen hat:
"Es ist kurz vor fünf. Gibt es noch etwas, was Ihnen heute zu diesem Thema besonders wichtig erscheint."
Nun legt der Klient zunächst fest, was in der nächsten Sitzung besprochen wird:
"Gibt es bestimmte Punkte, auf die Sie in unserem nächsten Gespräch besonders eingehen wollen?"

Und zuguterletzt:

ehe sich die Wege von Therapeuten, Hilfesuchenden, Patienten, Klienten o.ä. trennen, bildet ein freundliches oder ermutigendes Wort des Therapeuten den Abschluss einer erfolgreichen Therapiestunde mit auxiliärer oder klientenzentrierter Gesprächstherapie.

Gliederung einer psychiatrischen Anamnese

Aufnahmemodus:
überweisender Arzt oder Heilpraktiker.
allein oder in Begleitung?
Rechtlicher Status (freiwillig, PsychKG, Betreuungsbeschluss). .

Aktuelle Anamnese:
Auf die Frage: „Was ist Ihr Haupt-Lebensproblem?“ den ersten Satz des Patienten wörtlich mitschreiben! In diesem Satz steckt meist schon „alles“. Auslöser, Konflikt. Erstmanifestation oder früherer Beginn, wann?

Soziale Anamnese:
Schulabschluss. Beruf (jetziger Status: vollbeschäftigt, arbeitslos). Lebensraum. Partnerschaften, Kinder. Falls berentet, warum? Schulden. Konfession. Familiäre Kontakte (Eltern, Geschwister).

Psychiatrische Anamnese:
Stationäre psychiatrische Vorbehandlungen, wo? Ambulante nervenärztliche Vorbehandlungen, bei wem? Psychotherapien, ambulant/stationär, wo, wann? Kuren, wo, wann? Suizidversuche in der Vorgeschichte, wann? Warum? Eventuell später durch Fremdanamnese ergänzen.

Eigenanamnese:
Vorerkrankungen ohne psychiatrische Erkrankungen. Metall am Körper (Nägel, Platten)? Wichtig für MRT!
Allergien?

Familienanamnese:
Mutter, Vater, Geschwister: Alter, falls verstorben Todesursache, Erbkrankheiten, psychiatrisch-neurologische Erkrankungen: insbesondere affektive Erkrankungen, Schizophrenien, Suizide, Suizidversuche, Suchterkrankungen.
Vegetative Anamnese:

Schlaf: Ein- und Durchschlafstörungen, Früherwachen, Hypersomnie. Appetit, Gewichtsverlust, Gewichtszunahme: jeweils in welchem Zeitraum wie viel Kilogramm. Tagesschwankungen in der Stimmung: Morgentief, Abendtief.
Schmerzen, Missempfindungen.
Vegetative Störungen im engeren Sinne (Herz, Atmung, Magen-Darm, Blase, Schwindel, Hautsensationen).
Sexuelle Störungen: Libido, Potenzstörungen, Orgasmusstörungen.
Seit wann?

Suchtanamnese:
Nikotin, Alkohol, illegale Drogen, Beruhigungs- und Schmerzmittel, Essstörungen.

Letzte regelmäßige Medikation:
Genaue Dosierung, seit wann?
Bei Frauen auch nach Antikonzeption fragen.

Selbstbeschreibung:
„Was für ein Mensch sind Sie? Wie würden Sie sich selbst beschreiben?"
Psychischer Aufnahmebefund:
(Psychiatrisches Kernstück, Extrakt).
Siehe Extrabogen, psychischer Normalbefund.
Die psychische Aufnahmebefund muss eine Aussage zu allen 15 Qualitäten beinhalten.

Vorläufige Arbeitsdiagnose:
Falls eindeutige und sichere Diagnosen, Verschlüsselung nach ICD 10. Somatische Diagnosen anfügen.

Für eine korrekte und durchdachte Diagnose sollten folgende Fragen mit „Ja" beantwortet werden:

Kann ich zu jedem Gliederungspunkt des psychischen Befundes ein Urteil abgeben?

Weiß ich, wann die Symptome begonnen haben und welche zuerst aufgetreten sind?
Weiß ich, in welcher Reihenfolge die Symptome sich bis jetzt entwickelt haben?
Weiß ich, ob früher ähnliche Symptome aufgetreten sind?
Weiß ich, ob früher andere Symptome aufgetreten sind?

Anamnestische Ergänzungen durch Fremdanamnese!

Psychischer Aufnahmebefund (Normalbefund):

Erscheinungsbild: Unauffälliges Erscheinungsbild.
Bewusstsein (quantitativ/qualitativ): Wach, bewusstseinsklar, zu allen Qualitäten (Person, Ort, Zeit, Situation) voll orientiert.
Kontaktverhalten: Im Kontakt zugewandt, kooperativ, offen.
Aufmerksamkeit und Gedächtnis: Auffassung, Konzentration und Merkfähigkeit ungestört. Keine Gedächtnisstörungen.
Affektivität: Stimmung ausgeglichen.
Affektdynamik: Adäquate Affektdynamik.
Antrieb, Psychomotorik, Verhalten: Antrieb unauffällig. Psychomotorik unauffällig. Verhalten situationsadäquat.
Formale Denk- und Sprachstörungen: Keine.
Inhaltliche Denkstörungen: Kein Anhalt.
Wahrnehmungsstörungen, Sinnestäuschungen: Kein Anhalt.
Störungen des Ich-Erlebens: Kein Anhalt.
Zwang: Kein Anhalt für Zwangssymptomatik.
Intelligenzniveau klinisch: Durchschnittliches Intelligenzniveau.
Fremdgefährdendes Verhalten: Kein Anhalt.
Suizidalität, Selbstgefährdung: Kein Anhalt.